너,
진짜
안전요원 맞아?

수학여행 안전요원을 위한 실전 매뉴얼

너, 진짜 안전요원 맞아?

초판 1쇄 발행 2025년 1월 16일

지은이 전선희
펴낸이 장현수
펴낸곳 메이킹북스
출판등록 제 2019-000010호

디자인 윤목화
편집 윤목화
교정 안지은
마케팅 김소형

주소 서울특별시 구로구 경인로 661, 핀포인트타워 912-914호
전화 02-2135-5086
팩스 02-2135-5087
이메일 making_books@naver.com
홈페이지 www.makingbooks.co.kr

ISBN 979-11-6791-653-2(13370)
값 16,800원

ⓒ 전선희 2025 Printed in Korea

잘못된 책은 구입하신 곳에서 바꾸어 드립니다.
이 책의 전부 또는 일부 내용을 재사용하려면 사전에 저작권자와 펴낸곳의 동의를 받아야 합니다.

홈페이지 바로가기

메이킹북스는 저자님의 소중한 투고 원고를 기다립니다.
출간에 대한 관심이 있으신 분은 making_books@naver.com으로 보내 주세요.

너, 진짜 안전요원 맞아?

수학여행 안전요원을 위한 실전 매뉴얼

전선희 지음

메이킹북스

서문: 너, 진짜 안전요원 맞아?

수학 여행 현장을 떠올려봅니다. 들뜬 마음으로 버스에서 내린 학생들이 활동 장소로 향하는 평화로운 장면. 하지만 그 평화가 위기로 바뀌는 데는 단 몇 초면 충분합니다. 학생이 미끄러져 다쳤다거나, 예상치 못한 위급 상황이 발생한다면 누가 가장 먼저 나서야 할까요? 바로 당신, 안전요원입니다.

그러나 현실은 어떻습니까? 일부 안전요원들은 사고 현장에서 119를 부르고 기다리는 것만으로 역할을 다했다고 생각합니다. 기본적인 응급처치조차 미숙하거나, 그 책임의 무게를 간과한 채 쉬운 아르바이트로 여기는 이들이 많습니다. 하지만 안전요원은 학생들의 생명과 안전을 지키는 마지막 방어선입니다.

2014년 4월 16일, 세월호 참사는 우리 사회에 지울 수 없는 상처를 남겼습니다. 동시에, 안전의 중요성과 준비되지 않은 어른들이 얼마나 큰 비극을 초래할 수 있는지 뼈아프게 깨닫게 해준 사건이었습니다. 그날 우리는 알게 되었습니다. **"안전은 준비된 사람만이 지킬 수 있다."** 이 교훈 아래 탄생한 수학여행 안전요원 제도는 보조 인력을 넘어, 사고를 예방하고 위기 상황에서 생명을 지키는 전문가로서의 책임을 강조합니다. 하지만 지금도 많은 안전요원들이 자신의 역할을 제대로 인식하지 못한 채 현장에 나섭니다. 준비되지 않은 안전요원이 있는 한, 세월호와 같은 비극은 다시 일어날 수 있습니다. 우리는 이 비극을 단순히 기억하기 위해서가 아니라, 다시는 반복되지 않도록 책임을 다하기 위해 되새깁니다.

이 책은 질문을 던집니다. **"당신은 진짜 안전요원인가?"**

생명을 지키는 수호자로, 당신은 그 막중한 책임을 받아들일 준비가 되어 있는가? 위기 순간에 침착하게 판단하고 행동할 수 있는 능력을 갖추고 있는가?

안전요원의 역할은 단순히 학생들과 동행만 하는 것이 아닙니다. 그들은 학생들의 소중한 추억을 지키는 숨은 영웅이자, 생명을 지키는 최후의 리더입니다. 이 책은 안전요원이 리더로서의 자질을 갖출 수 있도록 준비를 돕는 안내서입니다.

책임은 피할 수 없는 무게지만, 준비된 자만이 그 무게를 감당할 수 있습니다.

지금, 이 책과 함께 진정한 안전요원으로 거듭나십시오.

학생들의 생명, 이제 당신의 손에 달려 있습니다.

저자 인사말: 왜 이 책을 써야만 했는가?

안녕하세요. 저는 대한민국 수학여행 안전요원 1호로, 지난 12년간 현장체험학습과 수학여행의 안전 관리를 위해 전력을 다해온 안전 전문가 전선희입니다.

2014년 세월호 참사는 우리 사회에 깊은 상처를 남긴 비극이었지만, 동시에 수학여행 안전이 생명과 직결된 문제임을 다시금 일깨워준 계기였습니다. 이후 도입된 수학여행 안전요원 제도는 사고 예방과 긴급 상황 대처를 전문적으로 수행해야 하는 중요한 역할을 요구했습니다. 저는 그 현장에서 수많은 위기 상황을 마주하며 안전요원의 책임과 역할을 새롭게 정의해야 한다는 절실함을 느꼈습니다.

무자격 안전요원의 현실

현장에서 마주한 현실은 기대와는 거리가 멀었습니다. 준비되지 않은 무자격자들이 학생들의 생명을 맡고 있는 상황이 여전히 반복되고 있었습니다.

한 번은 숙소에서 만난 젊은 안전요원에게 이 일을 시작한 계기를 물어본 적이 있습니다. 그의 대답은 충격적이었습니다.

"하룻밤만 새우면 쉽게 돈을 벌 수 있어서요."

그는 자신에게 주어진 역할이 무엇인지, 위기 상황에서 어떻게 대처해야 하는지 전혀 알지 못했습니다. 심지어 자격증조차 없는 상태였습니다.

학생들의 안전을 책임져야 할 안전요원이 이런 무책임한 태도로 현장에 나와 있다는 사실에 깊은 분노와 좌절을 느꼈습니다. 이는 단순히 개인의 문제가 아니라, 안전요원 제도 전반의 근본적인 개선이 필요함을 절실히 보여주는 현실이었습니다.

위기 속에서 배운 것들

수학여행 중 겪었던 고속버스 사고는 제게 잊을 수 없는 큰 교훈을 남겼습니다. 빗길에서 발생한 추돌 사고로 혼란스러운 상황이 벌어졌을 때, 침착하게 대처하지 못했던 제 자신을 돌아보며 안전요원으로서의 준비가 부족했음을 뼈저리게 깨달았습니다.

이러한 경험은 안전 문화의 기준을 새롭게 세워야 한다는 사명감을 심어주었고, 위기 속에서 얻은 교훈은 제가 안전요원으로서 한 단계 더 성장할 수 있는 계기가 되었습니다.

이 책을 통해 이루고자 하는 것

이 책은 단순히 지식을 전달하기 위한 도구가 아닙니다. 안전요원으로서 반드시 갖추어야 할 실질적인 기술, 책임감, 윤리를 체계적으로 정리한 **실무 지침서**입니다.

책에서는 현장에서 바로 활용할 수 있는 응급처치 기술부터 위기 상황에서 요구되는 리더십까지, 안전요원의 전문성을 강화하기 위한 종합적인 지침을 제공합니다. 학생들의 생명과 안전을 지키는 것은 우리 모두가 함께 짊어져야 할 사명입니다.

이 책은 진정한 안전 전문가로 거듭날 수 있도록 돕는 길잡이가 되어, 대한민국의 안전 문화를 새롭게 바꾸는 첫걸음이 될 것입니다. **진정한 안전요원이 되는 여정은 지금부터 시작입니다.**

목차

서문: 너, 진짜 안전요원 맞아?　　　　　　　　　　4

저자 인사말: 왜 이 책을 써야만 했는가?　　　　　6

1장: 안전요원의 정의와 역할　　　　　　　　　12
1.1 안전요원이란 누구인가?　　　　　　　　　　13
1.2 현장에서의 구체적인 역할　　　　　　　　　16
1.3 안전요원의 고용 형태와 책임 구조　　　　　20

2장. 수학여행 안전요원의 기본 자세　　　　　26
2.1 수학여행의 목적과 안전요원의 역할　　　　27
2.2 안전요원의 법적·윤리적 책임　　　　　　　30
2.3 사고 예방을 위한 기본 원칙　　　　　　　　34

3장: 안전요원의 중요성과 현재 과제　　　　　36
3.1 안전요원이 없는 수학여행의 위험성　　　　37
3.2 무자격 안전요원의 문제와 개선 방향　　　　39
3.3 학생과 교사에게 미치는 긍정적인 영향　　　41

4장: 응급처치의 기초   **44**

4.1 응급처치의 정의 및 필요성   45

4.2 응급상황 대처의 기본 단계(DRABC)   48

4.3 응급키트 구성 및 사용법   52

4.4 개인 보호 장비(PPE)의 중요성과 사용법   55

4.5 응급상황 시 주변인 활용법   58

4.6 소통과 심리적 안정 제공   60

4.7 응급처치의 목적과 한계   62

5장: 주요 응급상황과 대처 방법   **65**

5.1 심폐소생술(CPR)   66

5.2 자동심장충격기(AED) 사용법   72

5.3 출혈 종류 및 지혈 방법   75

5.4 상처 관리 드레싱 및 붕대 감기   81

5.5 골절과 탈구 응급처치   83

5.6 쇼크 및 과민반응 대처   87

5.7 화상 응급처치   90

5.8 익수 사고 대처   99

5.9 열사병 및 저체온증 대처   107

5.10 경련 및 발작 대처   116

5.11 질식 및 기도 폐쇄 대처   121

5.12 중독 및 약물 과다 복용 대처   128

5.13 벌레 물림 및 동물 공격 대처   135

5.14 응급상황 기록 및 보고   141

6장: 사고 예방과 안전관리   **146**

6.1 수학여행 전 점검 사항   147

6.2 이동 및 활동 중 안전 관리   153

6.3 비상 대피 및 보고 절차   156

7장: 안전요원의 자기 관리   **159**

7.1 스트레스 관리와 심리적 준비   160

7.2 지속적인 교육과 훈련의 중요성   164

7.3 자기관리 전략과 실천 방안   167

7.4 정신적 회복과 지속적인 동기 부여   171

8장: 안전요원을 위한 교육과 훈련   **175**

8.1 안전요원 교육의 필요성   176

8.2 체계적인 훈련 과정 설계   177

8.3 디스탑안전교육의 전문 교육 과정　　　　　　　180

9장: 안전요원으로서의 마음가짐　　　　　　　**190**
9.1 사명감과 책임감　　　　　　　191
9.2 안전 전문가로서의 자부심　　　　　　　193

10장: 준비된 안전요원이 되는 길　　　　　　　**196**
10.1 학생과 교사의 생명을 지키는 마지막 방어선　　　　　　　197
10.2 안전요원의 전문성과 미래　　　　　　　198

- 저자의 소감　　　　　　　**200**
- 마무리하며　　　　　　　**203**

부록　　　　　　　**206**
부록 1: 안전요원 주간근무일지 및 안전점검표　　　　　　　207
부록 2: 안전요원 야간근무일지 및 안전점검표　　　　　　　210
부록 3: 현장체험학습 응급상황발생 보고서　　　　　　　213
부록 4: 응급구호관리자 전문과정 소개 및 과정 안내　　　　　　　216

1장
안전요원의 정의와 역할

안전요원은 사고를 예방하고 위기 상황에서 사람들의 생명과 안전을 보호하는 핵심적인 존재이다.
이 장에서는 안전요원의 정의와 역할을 중심으로, 그들이 현장에서 맡아야 하는 구체적인 임무와 책임에 대해 학습한다. 또한, 고용 형태에 따른 책임 구조를 이해하고, 각자의 역할에 적합한 자세와 윤리적 책임감을 갖추는 것이 중요하다는 점을 배운다.
이 장의 학습을 통해, 안전요원이란 누구이며, 어떤 환경에서 어떻게 활동해야 하는지 명확히 이해할 수 있다.

1.1 안전요원이란 누구인가?

햇살이 따스한 어느 날, 초등학생들이 자연체험학습을 하던 중 한 학생이 벌에 쏘여 비명을 질렀다. 얼굴이 창백해진 아이를 본 순간, 한 사람이 재빨리 달려와 차분히 응급처치를 시작했다. 바로 안전요원이었다.

그녀는 아이를 진정시키며 벌에 쏘인 부위를 소독하고, 병원으로의 후속 조치를 준비했다. 그날 아이는 큰 문제 없이 치료를 받았고, 안전요원의 빠른 대처 덕분에 모두가 안도의 한숨을 내쉴 수 있었다.

이처럼 안전요원은 단순한 동행자가 아니다. 그들은 현장체험학습, 수학여행, 각종 학교 행사에서 학생과 교사의 안전을 책임지는 전문가이다.

1) 현장에서의 위치: 언제나 중심에 서다
(1) 현장체험학습

작은 손으로 흙을 만지며 자연의 신비를 배우는 생태 체험학습. 하지만 자연은 아름다움만 주는 것이 아니었다. "벌이야!" 한 학생이 소리쳤을 때, 모두가 긴장했지만, 안전요원은 침착했다. 그 후, 준비된 응급처치로 상황은 금방 해결되었다. 자연의 아름다움 속에서도 예상치 못한 위험에 대비하는 것이 안전요원의 역할이다.

(2) 수학여행

수학여행은 더 큰 도전을 요구한다. 장거리 이동, 숙박, 다양한 활동이 이어지는 만큼, 예측할 수 없는 일이 벌어지곤 한다.

어느 밤, 숙소에서 화재 경보가 울렸다. 학생들은 놀라 어쩔 줄 몰랐지만, 안전요원인 그녀는 곧장 비상구로 학생들을 안내했다. "여기 줄 맞춰 이동합시다!" 그녀의 침착한 대처로 모두 안전하게 대피했고, 이후 경보 오작동임이 확인됐다. 학생들은 감사 인사를 전하며 다시 숙소로 돌아갔다.

(3) 학교 및 교육청 주관 행사

운동회와 같은 대규모 행사는 또 다른 도전이었다. 마라톤 대회 후, 한 학생이 탈진하며 비틀거렸다. 바로 달려가 음료를 건네고 적절한 응급처치를 제공하자, 학생은 곧 기력을 회복했다. "고맙습니다!" 학생은 웃으며 말했다.

2) 왜 안전요원이 필요한가?

현장체험학습과 수학여행은 학생들에게 새로운 세상을 보여주는 기회지만, 그 안에는 예상치 못한 위험이 도사리고 있다. **통계에 따르면** 체험학습 중 사고의 60%는 낙상, **40%는 안전 관리 부족**에서 발생한다. 안전요원이 없다면 작은 사고도 큰 위기로 이어질 수 있다. 그러나 준비된 안전요원은 사고를 예방하고, 위기 상황에서 신속히 대처하여 학생들의 안전을 지키는 최전선에 선다.

그날, 수학여행을 마친 학생들이 집으로 돌아갈 때, 한 학생이 조심스럽게 물었다. "선생님, 안전요원은 어떤 일을 하는 사람이에요?" 교사가 미소 지으며 대답했다. "그분들은 우리가 즐거운 추억을 안전하게 만들 수 있도록 보이지 않는 곳에서 돕는 분들이란다." 안전요원은 바로 그런 사람이다. 언제나 현장에서, 학생들과 교사들 곁에서, 그들의 생명과 안전을 지키는 최후의 방패다.

1.2 현장에서의 구체적인 역할

1) 사고를 미리 막아라: 예방이 곧 안전의 시작

수학여행 숙소에 도착한 전선희 대표는 학생들이 도착하기 전 복도를 걸으며 소화기와 비상구를 점검했다. 비상구가 불법 적치물로 막혀 있는 것을 발견한 그녀는 숙소 관리자에게 즉시 정리를 요청하며 화재 대피 경로를 꼼꼼히 살폈다. 관리자가 "뭘 이런 것까지 하시죠?"라고 묻자, 그녀는 단호히 답했다. "위험 요소를 없애는 게 제 첫 번째 임무니까요." **사고 예방은 철저한 사전 준비**에서 시작된다. 체험학습 장소의 위험 요소를 제거하고, 필요한 안전 조치를 마련하는 것이 안전요원의 기본이다.

여행 전, 학생들에게 안전 교육을 진행하는 것도 빼놓을 수 없다.

"여러분, 등산 중에는 정해진 길을 절대 벗어나면 안 돼요. 천천히 주변을 둘러보며 걷는 게 중요합니다."

그녀가 차근차근 설명을 이어가자, 한 학생이 손을 들고 물었다. "근데, 길을 잃으면 어떻게 해야 해요?"

그녀는 학생들의 눈을 마주하며 답했다. "좋은 질문이에요. 길을 잃었다면 우선 멈추고, 당황하지 않는 게 가장 중요해요. 제자리에 앉아 구조를 기다려야 하고, 혼자 더 깊이 들어가려 하면 안 돼요. 그리고 이걸 기억하세요."

그녀는 가방에서 호루라기를 꺼내며 말했다. "호루라기는 생명의 신호가 될 수 있어요. 소리를 세 번 반복해서 불면 구조 요청 신호로 사용됩니다." 학생들은 고개를 끄덕이며 그녀의 설명에 집중했다. 구조가 늦어진다면 어떻게 대처해야 하는지, 물과 에너지를 절약하는 방법, 몸을 따뜻하게 유지하는 방법 등의 교육이 끝난 뒤, 한 학생이 말했다. "이제 등산할 때 뭘 해야 하는지 잘 알겠어요!" 사전 안전 교육은 학생들이 안전하게 여행을 즐길 수 있도록 준비시키는 **가장 기본적이면서도 중요한 과정**이다.

2) 위기 상황 대처

(1) 산악 체험 중 부상 대처

산악 체험 중 한 학생이 발을 헛디뎠다. "아야!" 학생이 바위 위에 주저앉았다. 발목이 부어오르는 것을 확인한 그녀는 곧바로 움직였다. "발을 움직이지 말고! 여기 앉아요." 그녀는 단단한 물건을 찾아 발목을 고정하고, 119에 연락을 취했다.

"너무 걱정하지 마세요, 금방 병원에 갈 수 있어요." 그녀의 차분한 태도에 학생도 금방 안정을 찾았다. 위기 상황에서 초기 대응, 즉 골든타임을 확보하는 것은 생명을 살리는 열쇠임을 다시 한번 보여준 순간이었다.

(2) 수학여행 중 알레르기 반응 대처

또 다른 날, 수학여행 중 한 학생이 얼굴이 창백해지며 숨을 헐떡이며 바닥에 주저앉았다. "숨이 안 쉬어져요…." 학생의 떨리는 목소리에 주변은 긴장감으로 가득 찼다. 그녀는 즉시 다가가 학생을 앉힌 뒤 차분한 목소리로 말했다. "긴장을 풀고 천천히, 코로 숨을 들이마시고 입으로 내쉬어 봐요." 동시에 교사에게 "119에 바로 연락 부탁드립니다. 구급대가 올 때까지 제가 학생을 살피겠습니다."라고 요청했다. 그 후, 학생의 가방에서 발견한 알레르기 약을 확인하며 교사에게 말하고 부모에게 연락을 취해 학생의 기존 병력을 확인했다.

"천천히, 괜찮아질 거예요. 구급대가 금방 올 거니 너무 걱정 마요." 그녀는 학생을 안정시키며 옆에서 의식과 호흡 상태를 지속적으로 확인했다. 몇 분 후 구급대가 도착했고, 학생은 안정적인 상태로 병원으로 이송됐다. "당신의 침착한 대응 덕분에 학생이 무사할 수 있었습니다." 구급대원은 감사의 인사를 전했다. 그날 교사는 말했다. "안전요원이 없었다면 어떻게 대처해야 했을지 막막했을 겁니다. 정말 고맙습니다."

(3) 책임감과 판단의 중요성

위기 상황에서 필요한 것은 **침착하고 정확한 판단력**과 끝까지 학생을 돌보는 책임감이다. 그녀의 대처는 안전요원의 역할이 얼마나 중요한지, 그리고 그 책임이 생명과 직결된다는 사실을 다시 한번 보여주었다.

3) 신뢰는 안전의 또 다른 이름
(1) 학생들과의 신뢰 형성

학생들이 안전요원을 신뢰하도록 만드는 것은 안전을 지키는 데 있어 중요한 역할을 한다. "저기, 선생님! 저 나뭇가지가 위험해 보여요." 한 학생이 안전요원에게 먼저 알렸다. 위험을 보고하고 도움을 요청할 수 있는 환경은 학생들이 안전요원을 믿고 의지할 수 있을 때 가능하다. 이러한 신뢰는 학생들이 스스로 위험을 인지하고 대처할 수 있는 **안전 의식**으로 이어진다.

(2) 교사와의 협력

신뢰는 교사와의 협력에서도 중요하다. 수학여행 중 학생 한 명이 사라졌다. 교사와 안전요원은 함께 주변을 수색한다. "저쪽으로 가볼게요."라며 교사가 나서는 동안, 그녀는 반대편 숙소를 확인한다. 20분 만에 학생을 찾았고, 그날의 긴장은 금세 안도로 바뀌었다. 안전은 협력을 통해 이루어질 수 있음을 보여주는 사례였다.

결론

안전요원은 위기 순간 생명을 구하는 결정적인 리더다. 그들의 사소해 보이는 역할도 위기 상황에서는 한 생명을 구할 수 있는 엄청난 힘으로 변한다. 안전요원이 없다면 작은 사고도 큰 비극으로 이어질 수 있지만, 이들이 있다면 학생들과 교사는 안전에 대한 믿음을 바탕으로 새로운 경험에 몰입할 수 있다. 안전요원은 바로 **안전을 지키는 보이지 않는 손**이다.

1.3 안전요원의 고용 형태와 책임 구조

1) 프리랜서 안전요원: 자유와 책임 사이

프리랜서 안전요원은 독립적인 계약을 통해 활동하는 사업자로, 원하는 조건의 일을 선택하고 스케줄을 자유롭게 조정할 수 있다는 점에서 매력적인 직업이다. 한 프리랜서 안전요원은 이에 대해 "스케줄을 내가 조정할 수 있다는 점이 정말 좋아요. 일하고 싶은 때만 일하니까요."라고 말했다. 원하는 조건의 일을 선택하고, 수수료 없이 급여를 받을 수 있는 안전요원! 하지만 이러한 자유 뒤에는 커다란 책임이 따른다.

(1) 체계적인 교육 부족과 위기 상황

프리랜서 안전요원은 체계적인 교육 없이 현장에 투입되는 경우가 많아 위기 상황에서 제대로 대처하지 못하는 일이 발생하기도 한다.

한 번은 여름철 야외 체험학습 중 한 학생이 두통과 어지러움을 호소했으나, 안전요원이 이를 단순한 피로로 간주하고 적절히 대처하지 않아 상황이 악화되었다. 결국 학생은 탈수와 열사병 증상이 심화되어 병원으로 이송되었고, 초기 판단과 대처 부족에 대한 책임이 지적되었다.

이 사례는 안전요원의 체계적인 교육과 응급 상황 대처 능력이 얼마나 중요한지를 보여준다.

"이렇게 큰 부담이 따를 줄 몰랐어요." 해당 안전요원은 나중에 조용히 털어놓았다.

(2) 불안정한 환경과 높은 책임감
프리랜서의 세계는 자유로운 만큼 불안정하다.

단발적 계약:
지속적인 일자리를 보장받기 어렵고, 안정적인 수입을 기대하기 힘들다.
민사 책임 부담:
사고 발생 시 법적, 민사적 책임까지 모두 개인이 감당해야 한다.

프리랜서 안전요원은 자유와 책임 사이에서 균형을 유지해야 하는 직업이다. 이들은 **독립적**으로 일하며 **자율성**을 누릴 수 있지만, 그 뒤에는 현장에서의 전문성과 법적 책임에 대한 부담이 따르는 것이 현실이다.

2) 디스탑안전교육 소속 안전요원: 시스템이 만드는 전문성
반면, **안전전문 기업**인 **디스탑안전교육** 소속 안전요원은 다른 길을 걷는다. 체계적인 시스템 아래 활동하며, 철저한 교육과 **매뉴얼**, 그리고 회사의 전폭적인 지원을 바탕으로 전문성을 키우고 있다. 이들은 "혼자가 아니라는 게 가장 든든하다"고 입을 모은다.

(1) 교육과 매뉴얼이 만들어내는 차이

"수학여행 첫날 새벽, 학생들이 베개싸움을 하다 치아가 빠졌어요." 한 디스탑 안전요원이 기억을 떠올렸다. "그 순간 교육받은 대로 출혈 부위를 처리하고, 빠진 치아를 올바르게 보관했죠. 119와 협력해 학생이 신속히 치료받을 수 있었습니다."

디스탑안전교육은 응급처치 교육부터 사고 보고 체계까지 탄탄히 갖춰져 있어, 현장에서의 부담을 줄이는 데 큰 도움을 준다. "사고가 생겼을 때 매뉴얼이 있다는 게 이렇게 큰 차이를 만들 줄은 몰랐어요." 안전요원은 웃으며 말했다.

① 디스탑안전교육 소속 시 장점

- 체계적인 교육과 매뉴얼 제공

안전요원 전문 회사에 소속되면 체계적인 교육과 매뉴얼을 제공받는다. 이로 인해 현장에서 필요한 응급처치 기술, 안전 관리 방안 등을 효과적으로 습득하고 활용할 수 있다. 특히, 응급 상황에 대한 매뉴얼은 안전요원이 자신감을 가지고 신속하게 대응할 수 있도록 돕는다.

- 회사의 지원으로 법적, 행정적 부담 감소

사고 발생 시, 회사는 법적·행정적 지원을 제공한다. 예를 들어, 사고 보고서 작성과 관련된 법적 절차를 회사가 안내하거나, 필요한 경우 법적 보호를 지원한다. 이를 통해 사고 처리 과정에서 겪을 수 있는 복잡한 행정적 부담을 덜 수 있다.

- 안정적인 근무 환경과 전문성 강화

전문 회사에 소속됨으로써 안정적인 근무 환경이 보장된다. 또한, 지속적인 교육과 훈련을 통해 개인의 전문성을 강화할 수 있는 기회를 제공한다. 이는 단순한 경험 축적을 넘어 안전 분야의 전문가로 성장하는 데 중요한 역할을 한다.

② 디스탑안전교육 소속 시 단점
- 개인의 자율성이 제한될 수 있음

디스탑안전교육은 체계적인 운영과 규정을 바탕으로 활동하기 때문에, 개인의 자율적인 판단이 제한될 수 있다. 회사가 정한 절차와 지침을 우선적으로 따라야 하므로, 현장에서 자유롭게 의사결정을 내리기 어려운 상황이 발생할 수 있다.

- 회사 규정에 따라 활동해야 함

안전요원은 회사가 제공하는 매뉴얼과 규정을 준수하며 업무를 수행해야 한다. 이는 표준화된 절차를 유지하는 데 유리하지만, 예상치 못한 상황에서 창의적인 대처가 필요할 때 한계로 작용할 수 있다. 특히, 회사 매뉴얼과 현장의 요구가 상충될 경우, 빠른 판단과 행동이 제한될 가능성이 있다.

- 급여에서 수수료 공제가 이루어짐

회사의 교육 제공과 행정 지원을 통해 안정적인 업무 환경을 조성하지만, 이에 따른 비용이 안전요원의 급여에서 수수료 형태로 공제된다. 수수료 공제는 안정적인 지원 체계를 제공하는 대가로서 이루어지지만 개인적으로는 실수령액이 줄어들기 때문에 단점으로 작용할 수 있다.

③ 개인 프리랜서와 디스탑안전교육 소속 안전요원의 비교

구분	개인 프리랜서 안전요원	디스탑안전교육 소속 안전요원
법적 지위	독립 사업자	디스탑과 위촉 계약
근로기준법 적용 여부	적용되지 않음	적용되지 않음
계약 관계	학교, 여행사와 직접 계약	디스탑이 학교와 계약, 안전요원 파견
교육 및 관리	체계적인 교육 부재	디스탑의 체계적인 사전 교육 및 현장 관리
책임 부담	사고 발생 시 개인이 직접 민형사상 책임 부담	디스탑이 학교와 1차적 책임 부담, 내부 조정 가능
안정성	계약 건별 활동, 지속성 부족	디스탑을 통한 안정적인 활동 가능
수수료 체계	수수료 없음	디스탑에서 수수료 공제 후 급여 지급
현장 지원	개인의 경험과 역량에 따라 달라짐	디스탑의 매뉴얼 및 체계적인 지원으로 효율적 대응

디스탑안전교육 소속 안전요원들은 체계적인 지원과 교육을 통해 전문성을 강화하며, 안정된 환경에서 활동한다. **혼자가 아닌 팀의 일부로서, 사고에 대처하는 든든한 기반을 가지고 현장에서 일한다는 점**은 이들의 가장 큰 강점이다.

결론: 두 길, 하나의 목적

프리랜서든 소속된 안전요원이든, 그들이 걷는 길은 다를지라도 목적은 하나다. 학생들의 안전을 지키고, 사고를 예방하며, 생명을 보호하는 것. 그러나 디스탑안전교육의 체계적인 시스템은 안전요원들에게 더 큰 힘과

전문성을 부여한다. 교육과 지원, 매뉴얼을 통해 준비된 안전요원은 위기 상황에서 더 신속하고 정확하게 대처할 수 있다. 자유롭게 일할지, 보호받는 구조 속에서 일할지는 개인의 선택이다. 하지만 한 가지는 분명하다. **준비된 안전요원만이 진정한 위기 속에서 빛날 수 있다.**

"안전이란 곧 책임이다." 이 말은 모든 안전요원들에게 적용되는 변치 않는 진리이며, 그들의 사명을 다시금 되새기게 한다.

2장
수학여행 안전요원의 기본 자세

이 장에서는 수학여행의 목적을 이해하고, 안전요원으로서의 책임감과 윤리적 태도를 학습한다. 또한, 사고를 사전에 방지하기 위한 기본 원칙을 배워, 안전사고를 예방하고 학생들에게 안전하고 의미 있는 경험을 제공할 수 있는 능력을 기른다.

2.1 수학여행의 목적과 안전요원의 역할

가을빛이 물든 어느 날, 학생들이 버스에서 내리자마자 주변을 살폈다. 기대에 찬 눈빛으로 주변을 둘러보는 학생들, 그리고 그들을 인솔하며 안전을 책임지는 교사와 안전요원. 그날의 목적지는 독립기념관이었다. "여기가 오늘 우리가 배우고 경험할 장소야. 모두 준비됐지?" 교사의 말에 학생들은 환호하며 대답했다. 수학여행은 단순한 여행이 아니다. 학생들에게 **교육적, 사회적, 심리적 성장을 제공하는 특별한 기회**이며, 안전요원은 그 기회를 안전하게 지켜주는 중요한 역할을 맡고 있다.

1) 교육적 가치
(1) 현장에서 배우는 경험
"여기, 독립운동가들이 사용했던 물건들이 전시되어 있어요. 잘 살펴보고 나중에 여러분의 느낌을 써보세요." 해설사의 말에 학생들은 전시물을 관찰하며 진지한 표정을 지었다. 수학여행은 교실에서 배운 내용을 실제로 경험할 수 있는 기회를 제공한다. 학생들은 역사와 문화를 더 깊이 이해하며, 이 과정에서 배운 것들은 오랜 시간 기억에 남는다. 교육부 조사에 따르면, 수학여행을 다녀온 학생의 **87%가 역사적·문화적 이해도가 높아졌다**고 답했다. 안전요원은 이러한 학습의 순간이 안전하게 이루어질 수 있도록 현장을 점검하고 위험 요소를 사전에 제거하며, 학생들이 교육적 경험에 온전히 집중할 수 있는 환경을 만들어야 한다.

(2) 사회적 가치: 함께 만들어가는 추억

조별 미션이 주어진 날, 학생들은 팀을 이루어 문제를 해결하기 위해 머리를 맞댔다. "우리 팀은 이쪽 길로 가볼까?" 한 학생이 의견을 내자 다른 친구들이 끄덕이며 동의했다. 이를 지켜보며 안전요원은 말했다. "얘들아, 함께 결정하는 법을 배우는 것도 중요하지만, 항상 주변을 살펴야 해." 학생들은 큰소리로 "네!"라며 대답하고는 활동에 열중했다. 수학여행은 협력과 의사소통 능력을 키울 수 있는 **사회적 경험의 장**이다. 조별 활동을 통해 학생들은 역할 분담과 문제 해결 능력을 배우며, 함께 성장하는 법을 익힌다. 안전요원은 이러한 활동을 지켜보며 **학생들의 안전과 조화로운 활동을 지원**하는 리더 역할을 한다.

(3) 심리적 가치: 새로운 자극과 자립심

캠핑장에서 한 학생이 불 앞에서 땀을 흘리며 요리를 하고 있었다. "처음엔 어렵지만, 해내고 나면 뿌듯할 거야." 안전요원이 다가가 격려하자, 학생은 용기를 내어 끝까지 요리를 완성했다. 잠시 후, 자신이 만든 음식을 친구들에게 나눠주며 학생은 환한 미소를 지었다. "제가 해냈어요!" 수학여행은 단순히 즐거움만 주는 것이 아니라, **스스로의 능력을 발견하고 자립심과 자신감을 키울 수 있는 기회**다. 안전요원은 학생들에게 작은 격려와 도움을 통해 그들의 성장을 지원하며, 학생들이 새로운 도전을 두려워하지 않고 즐길 수 있도록 돕는다.

2) 안전요원의 역할

(1) 학습과 성장의 보이지 않는 조력자

수학여행은 학생들에게 교육적, 사회적, 심리적 성장을 제공하는 소중한 시간이다. 안전요원은 이 특별한 기회가 안전하고 원활하게 이루어질 수 있도록 **보이지 않는 곳에서 돕는 조력자**다. 학생들이 새로운 세상을 배우고, 협력하며, 자신을 발견할 수 있도록 안전하고 안정된 환경을 만드는 것이 안전요원의 가장 중요한 임무다.

(2) 사고 예방과 위기 대처의 중심

- 사전 준비: 작은 확인이 큰 안전을 만든다

안전요원의 임무는 사전 준비에서부터 시작된다. 야간 안전 지도를 위해 숙소와 활동 장소를 꼼꼼히 점검하며, 작은 위험 요소까지도 놓치지 않는다.

"소화기 게이지 압력이 내려가 있습니다. 교체 바랍니다."

"낙상 위험이 있는 계단에는 주의 표지판이 필요합니다."

그녀는 체크리스트를 들고 구석구석을 확인하며 말했다. "작은 준비가 큰 사고를 막아줘요. 항상 최악의 상황을 대비해야 하죠." 이렇듯 사전 점검과 대비는 학생들의 안전을 지키는 기본 중의 기본이다.

결론: 안전과 성장, 두 마리 토끼를 잡다

수학여행은 학생들에게 배움과 성장을 선사하는 특별한 시간이다. 그러나 이러한 경험이 가능하려면 안전이라는 든든한 기둥이 반드시 필요하다. 안전요원의 준비와 대응은 학생들의 추억을 더 빛나게 만들어준다. 그것은 학생들이 안전한 환경 속에서 배우고 성장하며, 더 넓은 세상으로 나아가는 길을 열어주는 중요한 역할이다.

2.2 안전요원의 법적·윤리적 책임

1) 법적 책임: 생명을 지키는 직업의 무게

　안전요원으로서의 법적 책임은 단순한 업무 이상의 무게를 지닌다. 전선희 대표는 매 현장에서 학생들의 안전을 최우선으로 여기며, "작은 확인이 학생들의 소중한 생명을 지킬 수 있다"고 늘 되새겼다. 하지만 과거 사례는 그 책임의 무게를 더욱 깊이 각인시켰다. 어느 수학여행에서 숙소 비상구를 사전에 점검하지 않아 화재 시 대피가 늦어졌고, 이로 인해 일부 학생들이 부상을 입는 사고가 발생했다. 사고 이후 조사에서, 안전요원이 비상구 점검과 재난 발생 시 학생들을 안전하게 대피시켜야 하는 의무를 소홀히 한 점이 드러났고, 결국 법원은 업무상 과실치상으로 집행유예 판결을 내렸다.

　이 사건은 안전요원에게 단순한 과실이라도 생명을 다루는 직업에서 큰 책임으로 이어질 수 있음을 보여준다.

- 관련 법률

　민법 제750조: "고의 또는 과실로 타인에게 손해를 가한 자는 손해를 배상할 책임이 있다."

　형법 제268조: "업무상 과실로 타인을 사망 또는 부상에 이르게 한 경우

처벌을 받는다."

(1) 통계와 사례로 보는 안전의 중요성

2022년 교육부 통계에 따르면, 체험학습 중 발생한 사고의 35%가 관리 소홀로 인해 발생했으며, 이 중 **15%는 안전요원의 부주의**가 직접적인 원인으로 지목되었다.

① 사례 1: 화장실 미끄러짐 사고와 부적절한 응급처치

중학교 수학여행 중, 한 학생이 화장실에서 미끄러져 손목을 부상당하는 사고가 발생했다. 당시 현장에 있던 안전요원은 부상을 제대로 확인하지 않고 손목을 주무르며 "곧 나을 거야"라고 말했다. 그러나 적절한 조치가 이루어지지 않아 부상은 악화되었고, 결국 학생은 병원으로 이송되어 수학여행을 중단해야 했다. 이 사건은 안전요원의 응급처치 기술과 판단이 얼마나 중요한지를 보여주는 사례로 남았다.

- 교훈과 개선

응급처치는 모든 문제를 해결하려는 것이 아니라, 최악을 막는 데 초점을 두어야 한다. 전선희 대표는 이 사건을 교훈 삼아 모든 안전요원이 응급처치 매뉴얼을 철저히 숙지하고 반복적인 훈련을 받을 것을 강조했다. 실습을 지도하던 그녀는 덧붙였다. "의심스러운 경우엔 절대 부상 부위를 함부로 만지지 말고, 환자의 움직임을 최소화하세요. 응급처치는 전문가가 올 때까지 부상 부위를 안정적으로 유지하는 것이 가장 중요합니다. 잘못된 판단으로 처치한다면 부상을 더욱 악화시킬 수 있어요."

② **사례 2: 물놀이 안전 점검의 중요성**

무더운 여름날, 고등학교 수학여행 일정 중 물놀이 활동이 진행되었다. 들뜬 학생들로 현장은 어수선했고, 안전요원은 구명조끼 상태를 점검하지 않은 채 활동을 시작했다. 이를 착용하지 않은 몇몇 학생들이 물속에서 장난을 치는 사이, 한 학생이 깊은 물가로 밀려갔다. "살려주세요!" 근처에 있던 다른 학생이 다급히 알렸고, 안전요원은 재빨리 물속으로 뛰어들어 학생을 구조했다. 다행히 학생은 무사히 물 밖으로 나왔지만, 사고의 충격으로 여행 내내 두려움에 시달렸다. 이 사건은 구명조끼의 중요성과 점검 소홀의 위험성을 보여주는 사례로 남았다.

- 교훈과 개선

구명조끼는 단순한 장비가 아니라, 생명을 지키는 안전벨트다. 점검을 소홀히 하면 이 장비는 무용지물이 된다. 이후 전선희 대표는 수상 활동 전, 모든 학생의 구명조끼를 하나하나 직접 점검하며 착용법을 가르쳤다.

"구명조끼를 입는 방법도 중요하지만, 더 중요한 건 제대로 착용했는지 확인하는 거예요. 우리가 학생들의 안전을 위해 준비해야 할 가장 기본적인 일이 바로 이 작은 점검입니다."

- 안전 철학의 확립

그녀는 모든 안전요원들에게 강조했다. "이 작은 점검이 얼마나 큰 사고를 막을 수 있는지 기억하세요. 학생들의 웃음 뒤에 숨어 있는 위험을 먼저 발견하는 것이 우리의 역할입니다." 이후 그녀의 철학은 **디스탑안전 교육의 표준**으로 자리 잡았다. 수상안전 활동뿐만 아니라 모든 현장에서

철저한 사전 점검이 원칙으로 이어졌고, 이는 **안전사고 예방의 핵심**으로 자리 잡았다.

2) 윤리적 책임: 생명에 대한 사명감

안전요원으로서 가장 중요한 덕목은 윤리적 책임감이다. 전선희 대표는 늘 안전요원들에게 말한다. **"학생들의 안전은 절대 타협할 수 없습니다."**

- 생명을 최우선으로 하는 책임감

한 번은 낙상 위험이 높은 경사로에서 학생들이 활동하려 하자, 그녀는 단호히 활동을 중단시켰다. "안전하지 않은 장소에선 즐거움도 의미가 없어요. 모두 안전한 경로로 이동합시다." 학생들은 그녀의 지시에 따라 안전한 길로 이동했다. "생명을 다루는 직업에서는 언제나 신중해야 해요. 학생들이 믿고 따를 수 있는 존재가 되어야 하죠." 그녀의 말은 안전요원의 윤리적 기준을 상징한다.

2.3 사고 예방을 위한 기본 원칙

1) 사전 대비와 훈련의 중요성

디스탑안전교육에서는 연간 2회의 정기 워크숍을 통해 안전요원들에게 사고 예방과 응급처치 실습을 제공한다. 전선희 대표는 워크숍에서 종종 말한다. "우리가 하는 작은 준비가 위기 상황에서 생명을 구합니다."

2) 비상 상황 시뮬레이션

연습은 생명을 지킨다. 재난안전 교육 중, 학생들에게 화재 대피 시뮬레이션을 진행했다. "경보가 울리면 어떻게 해야 할까요?" 그녀가 묻자, 학생들은 손을 들고 대답했다. "질서를 유지하며 비상구로 이동해야 해요!" 대피 훈련이 끝난 후, 그녀는 말했다. "모두 잘했어요. 이런 훈련이 실제 상황에서 우리를 지켜줄 거예요." 비상 상황 시뮬레이션은 **학생들의 안전 의식을 키우고 위기 상황에서의 생존 능력을 높이는 필수 과정**이다.

3) 예방에서 시작되는 안전

위에 언급된 두 사례는 전선희 대표에게 **안전의 본질**을 다시금 일깨워주는 중요한 교훈이 되었다. "안전은 눈에 보이는 행동에서 시작되지만, 그 본질은 **우리가 보지 못하는 위험을 미리 발견하고 예방**하는 데 있습니다."

그녀는 강조한다. "우리의 책임은 결코 가볍지 않습니다. 그것은 학생들의 생명을 지키는 가장 가치 있는 일입니다." 이 신념 아래, 그녀는 오늘도 철저한 점검과 반복적인 교육을 멈추지 않고 있다. 전선희 대표는 예방의 힘을 믿는다. 위험을 사전에 발견하고 조치를 취함으로써 안전한 현장을 만드는 것이야말로 그녀의 사명이다. 이 책임을 실천하는 일이야말로, 학생들과 교사들에게 가장 큰 안심과 믿음을 제공하는 길이라고 그녀는 확신한다.

결론: 책임과 사명이 만드는 안전

작은 실수가 큰 사고를 만들 수 있지만, **작은 준비와 책임감은 생명을 지킬 수 있다.** 법적 책임은 안전요원의 역할과 무게를 나타내고, 윤리적 책임은 그들의 사명을 상징한다. 안전요원은 이러한 무게와 사명을 가슴에 새기며, 매 순간 학생들의 안전을 위해 노력해야 한다. 학생들이 수학여행을 무사히 마치고 집으로 돌아가는 순간, 전선희 대표는 비로소 안도하며 미소를 지었다. 그 미소는 철저한 준비와 무거운 책임을 다한 사람만이 느낄 수 있는 만족감이었다.

3장
안전요원의 중요성과 현재 과제

안전요원이 없는 수학여행은 예상치 못한 사고 발생 시 대처 능력이 부족해 위험을 초래할 수 있다. 또한, 무자격자가 배치될 경우 현장에서의 대처가 미흡하여 사고를 악화시킬 가능성이 있다.

이 장에서는 안전요원의 부재가 가져오는 위험성을 이해하고, 무자격 안전요원의 문제와 이를 개선하기 위한 방향을 살펴본다. 또한, 전문성을 갖춘 안전요원이 학생과 교사에게 미치는 긍정적인 영향을 통해 안전요원의 중요성을 재확인한다.

3.1 안전요원이 없는 수학여행의 위험성

1) 사고 발생 시 초기 대응 부재의 문제

수학여행의 마지막 날, 학생들이 물놀이를 즐기던 순간이었다. 갑자기 한 학생이 물속에서 허우적대다 의식을 잃고 물에 떠오르지 않았다.

현장에 있던 교사는 당황하며 소리쳤다. "누구 좀 도와주세요!" 그러나 그곳에는 응급처치 기술을 가진 전문 안전요원이 없었다. 구조대가 도착하기 전까지 아무도 심폐소생술을 시도하지 못했고, 골든타임은 속절없이 지나갔다.

이 사건은 교사와 학부모들에게 큰 충격을 안겼다. 응급 상황에서는 몇 초가 생명을 좌우한다. 그 몇 초를 놓치지 않으려면 현장에는 반드시 전문성을 갖춘 안전요원이 있어야 한다.

2) 안전요원의 부재로 인한 문제

안전요원이 없을 때 발생하는 문제는 명확하다.

초동대응 부재로 인한 피해 증가: 응급 상황에서 즉각적인 대처가 이루어지지 않으면 피해는 기하급수적으로 커질 수 있다.

전문 지식 부족: 교사나 동행자는 응급 상황 대처에 필요한 전문성을 충분히 갖추지 못한 경우가 많다.

응급 상황에서 골든타임을 놓치는 이유는 바로 이러한 부재와 부족함 때문이다.

결론: 학생들의 생명과 직결된 문제

안전요원의 배치는 단순히 규정을 준수하기 위한 것이 아니다. 이는 학생들의 생명과 안전을 지키기 위해, 응급 상황에 대처할 수 있는 전문성과 책임감을 갖춘 안전요원의 배치는 필수 요소다. 전선희 대표는 단호히 말했다. "안전요원이 없다면, 그 빈자리가 만든 위험은 예상보다 훨씬 크고 깊습니다."

3.2 무자격 안전요원의 문제와 개선 방향

1) 실제 사례로 본 무자격 안전요원의 문제

한 수학여행에서 무자격 안전요원이 잘못된 처치를 시도해 사고를 악화시켰던 사건을 떠올렸다. "한 학생이 무릎을 다쳤는데, 당시 안전요원이 부상 부위를 고정하지 않고 움직이게 했어요. 그 결과 골절이 악화되어 학생은 장기 치료를 받아야 했습니다." 이 사건은 교육 부족과 실질적인 대응 능력이 없는 무자격 안전요원의 위험성을 여실히 드러냈다. **부적절한 처치는** 단순히 문제를 해결하지 못하는 데서 끝나는 것이 아니라, **상황을 더욱 악화시키며 피해를 키운다.**

2) 체계적인 교육과 지속적인 보수교육의 필요성

"안전요원의 전문성은 자격증을 따는 것으로 끝나지 않습니다. 지속적으로 배우고, 실천하며 능력을 유지해야 합니다." 그녀는 현장체험학습 재교육에 참여하며 5회째 자격 갱신을 마쳤고, 10년간 수많은 재교육을 직접 진행하며 안전요원들의 성장과 전문성을 이끌었다.

"심폐소생술 같은 기술은 단순히 배우는 것으로 끝나지 않아요. 실제 상황에서 반사적으로 나올 수 있도록 반복 학습이 필요합니다."

한 교육생이 질문했다. "그렇다면 골절이나 화상 같은 응급처치도 반복

학습이 필요하겠죠?"

그녀는 답했다. "물론입니다. 부상 상황은 매번 다릅니다. 같은 기술이라도 다양한 시나리오에서 연습해야 실질적인 대응이 가능합니다."

교육생들과 함께 골절 고정과 화상 처치를 실습하며, 각 상황에 맞는 세부적인 대처 방법을 공유했다. "이론은 단지 시작일 뿐입니다. 우리가 반복적으로 학습하고 실습하는 이유는, 그것을 현장에서 실천으로 옮기기 위함입니다."

3) 현장에 나가기 전 매번 이루어지는 실무 점검

디스탑안전요원이 현장에 나가기 전, 최신 규정과 규율에 따른 **실무 점검**을 **필수적**으로 진행한다. 전선희 대표는 이를 직접 지도하며 말했다. "재교육은 2년마다 이루어지지만, 현장은 매일 변화합니다. 그래서 우리는 매번 실무 점검과 교육을 통해 최신 정보를 공유하고 대응 능력을 보완합니다."

그녀는 최신 규정을 설명하며 안전요원들에게 말한다. "이 규정은 현장에서 우리가 따라야 할 기준입니다. 이를 지키는 것이 바로 학생들의 안전을 지키는 길입니다."

결론: 지속적 학습과 실천의 중요성

규정과 교육은 모두가 믿고 의지할 수 있는 안전의 기준을 만들어간다. 전선희 대표는 디스탑안전교육의 체계 안에서 늘 다짐한다. "우리가 계속 배우고 실천하는 한, 아이들은 언제나 안전할 것입니다." 지속적인 학습과 실천은 안전요원의 가장 강력한 무기이자, 학생들의 생명을 지키는 가장 확실한 방법이다.

3.3 학생과 교사에게 미치는 긍정적인 영향

1) 학생들에게 안심을 주는 역할

2023년 4월, 부산의 한 초등학교를 인솔하여 싱가포르로 수학여행을 떠났던 첫날 밤, 한 학생이 복통을 호소한다는 교사의 연락을 받았다. 급히 학생 방으로 뛰어가 상태를 확인한 후, 준비된 약을 교사와 상의하여 복용시켰다. 약 복용 후 30분간 경과를 지켜보며 학생의 상태를 모니터링하던 중, 학생이 떨리는 목소리로 말했다.

"선생님, 선생님 가시면 또 아플까 무서워요. 그리고 엄마가 보고 싶어요."

학생의 울먹이는 모습에 나 역시 속으로 불안감이 밀려왔다. 해외라는 낯선 환경에서 아이의 복통이 쉽게 가라앉지 않을까 걱정되었지만, 티를 내지 않으려 애썼다. 안전요원이 불안해하면 환자는 더 불안해지기 때문이다. 차분한 표정을 유지하며 아이에게 다가가 조용히 말했다.

"선생님이 여기 있으니까 괜찮아. 걱정하지 않아도 돼."

학생은 고개를 끄덕였지만 여전히 엄마를 찾으며 눈물을 흘렸다. 그래서 아이를 내 방으로 데려가 돌보기로 결정했다. 하지만 그 순간, 같은 방에 있던 또 다른 학생이 "저 혼자 남으면 너무 무서울 것 같아요."라며 울먹이며 두려움을 표현했다. 결국, 나는 두 학생 모두 내 방으로 데려가 함께 밤을 보내기로 했다.

내 방에서 두 학생은 차츰 안정을 찾았고, 나는 옆에서 조용히 아이들의 손을 잡아주며 불안을 달래주었다. "여기서 선생님이 지켜줄게. 아무 걱정하지 말고 편히 자렴."

그날 밤, 나는 아이들이 내 곁에서 안심하며 잠드는 모습을 보며 안전요원의 역할이 단순히 사고 예방과 대처에만 그치지 않는다는 것을 다시금 깨달았다. 학생들에게 **심리적 안정감을 제공하는 것도 중요한 사명**임을 느꼈다.

아이들이 두려움 없이 여행을 즐길 수 있는 환경을 만들어주는 것이야말로 진정한 보호다. 소통의 기술도 지속적으로 연습해야 한다는 그녀의 철학은, 학생들에게 안전하고 편안한 환경을 제공하는 데 중요한 밑거름이 되었다.

2) 교사와 학부모의 신뢰 구축

학부모 설명회에서 한 부모가 물었다. "우리 아이는 정말 안전할까요?" 전선희 대표는 단호히 답했다. "안전요원이 있는 현장은 그렇습니다. 저희는 아이들의 안전을 최우선으로 생각하며, 모든 위험 요소에 철저히 대비하고 있습니다."

안전요원은 교사가 교육과 지도에만 집중할 수 있도록 현장에서 **안전을 책임지는 든든한 지원자**다.

"안전은 저희가 책임지겠습니다." 그녀는 말했다. 학부모들은 아이들이 안전하게 보호받고 있다는 확신을 가지며 수학여행에 대한 신뢰를 쌓아갔다. 안전요원의 존재는 학생들의 안전뿐 아니라 교사와 학부모 모두에게 안심과 믿음을 제공했다.

결론: 안전의 중심에 선 안전요원

안전요원은 학생들의 생명을 지키고, 교사와 학부모의 신뢰를 받는 **현장의 핵심 인력**이다.

그녀의 헌신은 수학여행의 안전을 넘어, 모두가 믿고 의지할 수 있는 안전 시스템을 만들어갔다. 그 중심에는 언제나, **준비된 안전요원**이 있었다.

4장
응급처치의 기초

이 장에서는 응급처치의 정의와 필요성을 이해하고, 응급상황에서 단계적으로 대응하는 방법을 학습한다. 또한, 응급키트와 개인 보호 장비(PPE)의 올바른 사용법, 주변인의 협력 활용, 그리고 응급상황에서의 심리적 안정을 제공하는 방법을 배운다.

이를 통해 안전요원으로서의 역량을 강화하고, 긴급 상황에서도 신속하고 침착하게 대응할 수 있는 능력을 기른다.

4.1 응급처치의 정의 및 필요성

1) 응급처치란 무엇인가?

　응급처치는 환자의 상태를 악화시키지 않도록 하며, 회복을 돕기 위해 사고 현장에서 즉시 시행하는 기본적인 처치다. 이는 전문 의료진이 도착하기 전까지 우리가 할 수 있는 가장 중요한 행동이다.

　교육부의 2023년 보고서에 따르면, 체험학습 중 발생하는 사고의 15%가 초기 응급처치의 부재로 인해 악화되었으며, 적절한 처치가 이루어진 경우 회복율이 80% 이상 향상된 것으로 나타났다. 이는 현장에서의 빠르고 정확한 응급처치가 얼마나 중요한지를 잘 보여준다.

2) 응급처치의 필요성 4가지
- 생명 유지: 치명적인 상황에서 적절한 조치는 생명을 구하는 데 필수적이다.
- 상태 악화 방지: 적절한 대처는 부상 부위의 추가 손상을 막고, 안정화를 돕는다.
- 회복 촉진: 회복 기간이 단축되며, 후유증 발생 가능성도 낮아진다.
- 고통 경감: 부상자의 신체적, 심리적 고통을 줄이는 데 도움을 준다.

(1) 적절한 응급처치의 중요성

① **사례: 수학여행 중 출혈 부상의 응급처치**

　수학여행 중 한 학생이 날카로운 바위에 부딪혀 다리에 깊은 상처를 입었다. 상처에서 피가 많이 흐르기 시작했고, 학생은 공포에 질린 상태였다.

　현장에 있던 안전요원은 침착하게 행동했다.

· 상처 부위를 깨끗한 천으로 압박하여 출혈을 즉시 멈추는 조치를 취했다.

· 지혈 후, 감염을 막기 위해 주변을 소독하고, 임시로 압박 붕대를 감았다.

· 이후 부상 부위를 고정한 뒤, 학생을 병원으로 신속히 이송했다.

　병원 도착 후, 의료진은 "응급처치가 적절히 이루어져 상처 부위가 안정되었고, 감염 없이 깨끗한 상태를 유지할 수 있었다"고 말했다. 이 사례는 응급처치가 부상 이후의 치료 과정과 회복 속도에도 큰 영향을 미친다는 점을 잘 보여준다. 빠르고 정확한 대처 덕분에 학생은 짧은 치료 기간 후 무사히 일상으로 복귀할 수 있었다.

3) 골든타임: 생명을 좌우하는 첫 4분

　골든타임은 응급 상황에서 생존율과 회복 가능성을 결정짓는 가장 중요한 시간대다. 특히 심정지 상황에서는 첫 4분 안에 응급처치를 시작하는 것이 생사를 가르는 열쇠가 된다.

- **세계보건기구(WHO)에 따르면:**

· 심정지 환자의 경우, 1분 내 CPR이 시작되면 생존율은 60~70%에 달한다.

· 처치가 1분 지연될 때마다 생존율은 약 7~10%씩 감소한다.

· 4분 이후에는 뇌로 산소 공급이 중단되어 뇌 손상이 시작된다.

① **사례:** 한 체험학습 현장에서 심정지 환자가 발생했다. 현장에 있던 안전요원은 즉시 심폐소생술을 시행해 의료진 도착 전까지 산소 공급이 유지되었다. 이 초기 대응 덕분에 환자는 병원 치료 후 완전히 회복할 수 있었다. 반대로, 응급처치가 지연되었던 사례에서는 생존율이 30% 이하로 떨어졌고, 심각한 후유증이 남았다.

4) 신뢰할 수 있는 응급처치: 현장에서의 역할
 - 2022년 국내 체험학습 관련 보고서에 따르면:
  · 응급사고 중 약 20%는 적절하지 않은 응급처치로 인해 상태가 악화된 사례로 기록되었다.
  · 반면, 적절한 초기 대응이 이루어진 경우 사고의 90% 이상이 큰 후유증 없이 마무리되었다.

현장에서 가장 중요한 것은 부상자의 상태를 정확히 판단하고, 매뉴얼에 따라 즉각적으로 행동하는 것이다. 응급 상황에서의 판단 실수는 생명을 위협할 수 있다. 과소평가나 과대평가하지 않고, 부상자의 생명을 최우선으로 여기는 행동이 필요하다.

결론: 응급처치, 생존과 회복의 시작

응급처치는 생명을 구하는 행동이다. 응급상황 시, 초기 대응이 제대로 이루어지면 생존율이 급격히 높아지고, 부상의 악화를 막을 수 있다. 응급처치를 끊임없이 배우고 실천하고 반복 학습해야 하는 이유가 여기에 있다. 이는 단순한 지식이 아니라, 모든 부상자에게 다시 일어설 기회를 주는 중요한 첫걸음이다.

4.2 응급상황 대처의 기본 단계(DRABC)

DRABC는 응급상황에서 환자를 구조하기 위한 기본 단계로, 위험 확인(Danger)에서 순환 확인(Circulation)까지 체계적으로 진행된다.

1) 위험이 감지된 현장

수학여행 중이던 한 봄날의 오후, 학생들이 버스에서 내리던 순간이었다. 한 학생이 갑작스럽게 차도 쪽으로 발을 내디뎠다. 이를 본 안전요원은 즉각 손을 뻗어 학생을 잡아 끌었다. 주변엔 쏜살같이 지나가는 차량들이 있었다.

"현장은 안전할까?" 안전요원은 자신과 학생을 안전한 장소로 옮기고 주변을 재빨리 살폈다. 위험 요소를 확인하고 조치를 취하는 것, 그것이 DRABC의 첫 단계다.

D: Danger(위험 확인)
현장의 위험을 먼저 파악해야 한다.
- 교통사고 현장: 2차 사고를 방지 위해 차량 흐름을 통제한다.
- 화재 현장: 연기와 불길로부터 안전거리를 유지하며, 폭발 위험 물질을 확인한다.

· 전기 사고: 전기 공급을 차단해 2차 감전을 예방한다.

"내가 안전하지 않으면 환자를 도울 수 없습니다. 안전을 최우선으로 생각하세요."

2) 반응을 확인하는 순간

안전요원은 부상자의 의식을 확인했다. "괜찮니?" 어깨를 두드리며 물었다. 다행히 학생은 고개를 끄덕였다.

R: Response(반응 확인)

· 부상자의 의식 상태를 평가한다.
· 반응이 있는 경우: 상태를 지속적으로 관찰하며 필요 시 추가 조치한다
· 반응이 없는 경우: 다음 단계로 신속히 진행한다.
· "반응이 없을 땐 시간을 지체하면 안 됩니다."

3) 기도를 확보하는 첫 조치

한 학생이 화장실에서 미끄러져 쓰러졌다. 의식 없는 상태를 확인한 안전요원은 곧바로 기도를 열기 위해 학생의 머리를 조심스럽게 뒤로 젖히고 턱을 들어 올렸다.

A: Airway(기도 유지)

기도가 막히지 않았는지 확인한다.

· 기도 확보를 한다
· Head Tilt-Chin Lift 방법으로 기도를 열어 호흡하도록 한다.

"기도가 막히면 호흡이 멈추고, 생명이 위태로워집니다. 첫 조치를 놓치지 마세요."

4) 호흡을 확인하다

기도를 열고 학생의 호흡 상태를 확인한다. 가슴의 움직임을 살피고, 귀를 가까이 대어 숨소리를 들으며, 뺨으로 공기의 흐름을 느낀다.

B: Breathing(호흡 확인)

정상적인 호흡이 있는지 확인한다.

· 호흡이 없는 경우: 즉각 CPR을 시작한다.

· 호흡이 있는 경우: 안정된 자세로 눕히고 상태를 지속적으로 관찰한다.

5) 출혈을 멈추는 골든타임

한 학생이 넘어져 팔에서 심한 출혈이 발생했다.

안전요원은 출혈 부위를 강하게 눌러 출혈을 멈췄다.

C: Circulation(순환 확인)

· 출혈 여부를 점검한다.

· 출혈이 있는 경우: 직접 압박으로 출혈을 제어한다.

· 순환이 없는 경우: CPR을 계속 진행한다.

6) DRABC의 국제적 기반과 법적 근거

국제적 권장사항

세계보건기구(WHO)와 미국심장협회(AHA)는 DRABC 단계를 응급처치의 핵심 원칙으로 권장하고 있다. DRABC는 응급 상황에서 체계적으로 대응하며 생명을 구하기 위해 필요한 모든 기본적인 조치를 제공한다. 심폐소생술(CPR)에 관해서는 DRABC 단계보다는 미국심장협회(AHA)의 CAB(Chest Compressions, Airway, Breathing)가 더 권장되지만, 일반적인 응급 상황에서는 DRABC가 유용하다. 두 프로토콜은 적용 범위와 초점에서 차이가 있으므로, 상황에 따라 적절히 선택해야 한다.

(1) 적용 상황에 따른 차이
- DRABC: 전체적인 응급 상황 대응에 적합하다.
- CAB: 심정지 환자에게 즉각적인 조치를 취하는 데 초점이 맞춰져 있다.

① 예시
㉠ 교통사고 현장
- 의식이 있는 부상자에게는 DRABC 단계를 적용한다.
- 현장을 안전하게 하고 기도와 호흡을 확인한 후 처치를 시행한다.

㉡ 심정지 환자
- CAB를 적용해 즉시 CPR을 실시한다.
- 가슴 압박(Chest Compressions)을 가장 우선적으로 수행한다.

결론: 상황에 따른 올바른 대응

응급상황에서는 DRABC 기본 단계를 숙지하고 침착하게 실행한다면 생존율을 극대화할 수 있다. 또한 DRABC와 CAB의 차이를 이해하고, 상황에 맞는 프로토콜을 적용하는 것이 중요하다. 적절한 대응은 단순히 생명을 구하는 것에 그치지 않고, 부상자와 주변 사람들에게 신뢰와 안정감을 제공하는 중요한 행동이다.

"프로토콜의 이해와 실천은 생명을 구하는 지식으로 이어진다."

4.3 응급키트 구성 및 사용법

겨울 방학, 한 스키캠프에서 갑작스러운 사고가 발생했다. 학생이 넘어져 이마에서 피가 흐르고 있었다. 안전요원은 즉시 가방에서 응급키트를 꺼냈다. 키트를 열자 안에는 멸균 거즈, 붕대, 소독제, 삼각건, 그리고 각종 응급 도구들이 정돈되어 있었다. 그녀는 거즈와 붕대를 꺼냈다. 피를 멈추기 위해 거즈를 부상 부위에 대고 압박한 뒤 붕대를 감아 출혈을 막았다.

응급처치 키트는 단순한 상자가 아니다. 예기치 못한 상황에서 생명을 지키는 도구로, 그 구성이 얼마나 철저히 준비되었는지에 따라 대응의 질이 달라진다.

1) 응급키트의 구성 요소
필수 구성 요소와 추가 항목을 철저히 준비하는 것이 중요하다.

- 필수 구성 요소: 기본적인 응급 상황에 대비
- 멸균 거즈와 붕대: 출혈을 멈추고 상처를 보호하기 위한 도구.
- 소독제: 감염 예방에 필수적인 소독약.
- 접착성 밴드: 작은 상처를 덮는 데 사용.
- 삼각건: 골절 부위 고정이나 팔걸이로 활용 가능.

· 뿌리는 스프레이 파스: 염좌 및 타박상이나 근육통 완화.
· 압박 붕대: 염좌 처치 및 혈액 순환 조절.
· 일회용 장갑: 구조자와 환자 모두를 감염으로부터 보호.
· 구강 보호막: 인공호흡 시 감염 위험을 줄이는 데 사용.
· 응급 담요: 체온 유지 및 저체온증 예방.

- 추가하면 좋은 요소: 특정 환경에서 유용한 도구
· 휴대용 손 소독제: 처치 전후 감염 예방.
· 냉찜질 팩/온찜질 팩: 타박상, 근육통 완화.
· 휴대용 산소 공급 장치: 호흡 곤란이나 저산소증 시 유용.
· 방수 밴드와 방수 가방: 물놀이 환경에서 필수적.
· 체온계: 부상자 상태 확인.
· 에피펜: 알레르기 반응 대처.

2) 응급키트를 준비할 때 고려해야 할 점

활동 환경과 상황에 맞게 구성해야 하며, 정기적인 점검과 관리가 필수적이다.

- 활동과 환경에 맞춘 구성
· 물놀이 환경: 방수 밴드와 방수 케이스 추가 준비.
· 추운 환경: 응급담요, 온찜질 팩 추가 준비.

- 정기적인 점검과 보충
· 소독제, 연고류, 붕대 등의 유효기간 확인 및 필요시 교체

· 사용 후 부족한 항목을 즉시 보충하여 준비 상태를 유지.
- **휴대성과 접근성**
· 가벼운 형태로 설계하여 이동이 쉽도록 한다.
· 가방이나 차량에 쉽게 접근할 수 있는 위치에 보관한다.

결론

응급처치 키트는 생명을 구하는 작은 병원과 같다. 이는 **예기치 못한 상황에서 꼭 필요한 핵심 장비**다. 철저히 준비되고 정비된 응급키트는 응급상황에서 신속하고 정확한 대응을 가능하게 하며, 부상자와 주변 사람들에게 안정감을 제공한다.

"응급키트가 준비된 만큼, 당신의 대처가 생명을 지킬 수 있습니다."

4.4 개인 보호 장비(PPE)의 중요성과 사용법

사례: 캠프파이어에서의 응급 상황

수학여행 마지막 밤, 학생들이 캠프파이어를 즐기던 중, 한 학생이 실수로 손을 데며 비명을 질렀다. 주변은 금세 소란스러워졌지만, 안전요원은 침착하게 행동했다.

가방에서 개인 보호 장비(PPE)를 꺼내 일회용 장갑을 착용한 뒤, 학생들을 안심시키며 부상자의 손을 조심스럽게 살폈다. PPE는 응급 상황에서 구조자와 환자 모두를 보호하는 중요한 장비르, 감염 위험과 2차 피해를 예방한다.

1) PPE란 무엇인가?

PPE(Personal Protective Equipment, 개인 보호 장비)는 구조자와 환자를 혈액, 체액, 유해 물질, 전염성 병원체 등으로부터 보호하기 위해 사용하는 장비를 의미한다

이는 구조자의 안전을 확보하는 동시에 환자에게도 안전한 환경을 제공한다.

2) PPE의 중요성

- **구조자와 환자의 이중 보호:** "구조자가 안전하지 않으면 환자도 안전

할 수 없습니다." 이 기본 원칙은 모든 응급처치 상황의 출발점이다. 구조자는 보호 장비를 통해 자신의 안전을 지키면서 환자를 보다 효과적으로 도울 수 있다.

  - 감염병 예방: 혈액이나 체액에 포함된 병원체(HIV, B형 간염 등)의 전파를 방지한다. 코로나19와 같은 전염성 질환 상황에서도 구조자를 보호한다.

3) PPE의 주요 구성 요소와 사용법
  - 일회용 장갑: 직접 접촉의 보호막
- 착용 전: 손을 깨끗이 씻거나 소독한다.
- 사용 중: 오염되거나 찢어진 경우 즉시 교체한다.
- 사용 후: 내부가 외부로 뒤집히도록 벗어 즉시 폐기한다.

※ **주의:** 오염된 장갑을 만지지 않도록 주의하고, 폐기 후 손을 반드시 소독한다.

  - 마스크: 보이지 않는 위협으로부터의 방어
- N95 마스크를 착용하여 부상자와 가까이 접근한다.
- 착용 방법: 코와 입을 완전히 덮고 얼굴에 밀착시킨다.
- 사용 후: 오염된 마스크는 폐기한다.

※ **주의: 제대로 착용하지 않으면 보호 효과가 떨어진다.**

  - 안면 보호막 또는 보호 안경: 튀는 위험을 막다
- 출혈 상황에서 혈액이 얼굴에 튀는 것을 방지한다.
- 착용 전: 작업 전에 반드시 착용한다.

· 사용 후: 오염 시 즉시 폐기하거나 세척한다.
※ 주의: 1회용 제품은 절대 재사용하지 않는다.

결론: 준비된 장비는 생명을 지킨다

응급키트와 PPE는 사고 현장에서 도구 이상의 역할을 한다. "철저한 준비가 가장 강력한 응급처치"라는 말처럼, 키트의 구성과 장비 사용법을 숙지하는 것은 매우 중요하다. 사용한 응급키트와 PPE를 정리하면서 다짐한다. **"준비가 응급 상황의 해답이다. 그리고 그 준비는 내가 지켜야 할 생명을 위해 존재한다."**

4.5 응급상황 시 주변인 활용법

1) 주변 사람에게 도움 요청

2년 전, 중학교 체험학습에서 한 학생이 갑자기 바닥에 쓰러지며 경련을 일으켰다.

현장은 순식간에 혼란스러워졌고, 교사들과 학생들은 당황해 소리를 질렀다. 그 전에도 비슷한 상황을 경험했던 전선희 대표는 침착하게 다가가 침착한 목소리로 말했다. "여러분, 걱정하지 마세요. 제가 도와드릴테니 잠시 물러서 주세요." 그녀는 교사에게 요청했다. "곁에 서서 다른 학생들이 접근하지 않게 해주세요." 학생에게도 요청했다. "119에 바로 연락하세요."

혼란 속에서도 그녀는 상황을 통제하며 응급처치를 시작했다. 협력자의 도움은 이처럼 긴박한 상황에서 필수적이다. 혼자 모든 것을 해결하려 하지 않고, 주변인의 도움을 활용하는 것이 가장 빠르고 효과적인 방법이다.

2) 협력자 지정과 역할 분담

응급상황에서의 역할 분담은 혼란을 줄이고 신속한 대처를 가능하게 한다.

(1) 능력에 따른 분담

주변인의 경험과 침착성을 고려해 역할을 나눈다.
- 침착한 사람에게 119 신고를 부탁한다.
- 다른 사람에게 필요한 장비를 부탁한다.

(2) 명확한 지시

간결하고 큰 목소리로 지시한다.

- "당신은 구급차가 오면 정확히 위치를 알려주세요."
- "당신은 여기에 남아 학생들을 지켜봐 주세요."

(3) 책임의 분산

한 사람에게 집중되지 않도록 각 역할을 분담한다.

① **역할 분담 예시**

- 119 신고 담당: 한 사람은 119에 전화를 걸어 정확히 상황을 설명한다.
- 공간 확보: 다른 사람은 주변 사람의 접근을 막고, 안전한 공간을 만든다.
- 모니터링: 부상자의 상태를 모니터링하며 필요한 추가 지시를 수행한다.

3) 현장에서의 결과

그날, 그녀의 차분하고 명확한 지시로 모두가 자기 역할에 충실했다. 혼란 속에서도 협력이 이루어졌고, 부상자는 무사히 병원으로 이송될 수 있었다. "혼자 해결하려 하지 마세요. **협력이 곧 생명을 지키는 열쇠입니다**"라는 그녀의 평소 철학이 그대로 드러난 순간이었다.

결론: 협력의 중요성

응급상황에서는 **혼자 모든 것을 해결하려 하기보다 주변인의 도움을 효과적으로 활용하는 것**이 필수적이다. 명확한 지시와 역할 분담을 통해 상황을 통제하고, 협력을 통해 생존 가능성을 극대화할 수 있다. "협력은 혼란을 질서로 바꾸고, 생명을 구하는 가장 강력한 도구가 됩니다."

4.6 소통과 심리적 안정 제공

사례: 공황 상태에서의 안정 제공

한 학생이 응급 상황에 처했을 때, 주변의 학생들과 교사는 이미 공황 상태였다. 그녀는 침착하고 안정된 목소리로 말했다. "괜찮습니다. 지금은 위험하지 않아요. 곧 모든 게 정리될 겁니다."

그리고 학생의 머리를 부드럽게 받쳐주며 말했다. "안전하니 잠시 쉬어도 좋아요. 내가 돌보고 있을게요." 이 간단한 행동과 말은 학생과 주변 사람들에게 심리적 안정을 주었다.

1) 침착한 목소리
  - **효과:** 공황 상태의 사람들에게 **안정감을 줄 수 있는 가장 강력한 도구.**
  - **실제 적용:** 주변인들이 과도하게 흥분하거나 두려움에 빠졌을 때, 차분한 목소리는 상황을 안정시키는 데 효과적이다.

2) 긍정적인 언어 사용
  - **효과:** 긍정적인 언어는 부상자와 주변인의 불안을 완화한다.
  - **예시 표현:**
  "지금은 괜찮아요."
  "곧 도움이 올 겁니다."

"제가 여기 있으니 걱정하지 않아도 돼요."

3) 환경 안정화
 - 효과: 혼란스러운 환경을 정리하고, 질서를 회복한다.
 - 방법:
 · 주변 사람들에게 조용히 물러서도록 요청하며 혼란을 줄인다.
 · 교사와 학생들에게 역할을 나눠줌으로써 상황을 통제한다.
 · 외부 소음과 불필요한 자극을 최소화한다.

4) 현장에서의 결과
 그녀의 차분한 태도는 **부상자와 주변 사람들의 공황을 눈에 띄게 가라앉혔다.** 응급처치는 단순히 기술적인 대응에서 끝나는 것이 아니라, 심리적 안정감을 제공하는 것에서 시작된다.

결론: 심리적 안정 제공의 중요성
 응급 상황에서는 기술적 처치만큼이나 차분한 소통과 심리적 안정 제공이 중요하다. 침착한 태도는 부상자와 주변 사람들에게 신뢰와 안도감을 주며, 공황 상태를 완화한다. 또한 긍정적인 언어와 안정된 환경은 부상자의 심리적 불안을 줄이고, 빠른 회복으로 이어질 수 있다.

"응급처치는 단순한 기술이 아니라, 마음을 안정시키는 과정에서 시작됩니다."

4.7 응급처치의 목적과 한계

사례: 뇌전증 학생 응급처치의 현장

한 체험학습 중, 뇌전증을 앓고 있는 한 학생이 갑자기 쓰러지며 경련을 일으켰다.

전선희 대표는 학생의 상태를 빠르게 확인하며 스스로 다짐했다. "지금 내가 할 수 있는 건 이 학생이 **안전하게 의료진에게 맡겨질 때까지 최선을 다하는 것뿐이야.**" 그녀는 침착하게 행동하며, 주변의 도움을 받아 학생을 보호했다.

1) 응급처치의 목적: 우리가 해야 할 일

응급처치의 목적은 명확하다. 생명을 지키고, 상태를 안정시키며, 의료진이 적절히 대응할 수 있도록 돕는 것이다.

- 생명 유지: 학생의 호흡 상태를 확인하고, 필요한 초기 조치를 한다.
- 상태 호전: 주변 환경을 정리하며 추가 손상을 방지한다.
- 의료진 지원: 환자의 상태와 경과를 간단히 정리해 의료진에게 제공한다.

2) 응급처치의 한계: 우리가 할 수 없는 일

응급처치는 모든 상황을 해결하기 위한 도구가 아니다. 자신의 역할과 한계를 명확히 인지하는 것이 중요하다.

(1) 완전한 치료는 불가능하다
- "난 의사가 아니야. 다 해결하려는 시도는 더 큰 실수를 초래할 수 있어."
- 응급처치는 의료진이 오기 전까지의 임시 대응에 불과하다.

(2) 자원의 제한
- 응급처치 키트의 물품은 한정적이다.
- "필요한 건 더 있지만, 지금 있는 자원으로 효율적으로 대처해야 해."

(3) 심리적 부담
- 응급처치 과정에서 주변의 시선과 긴장감은 구조자를 압박할 수 있다.
- "내가 당황하면 환자도 불안해질 거야. 지금은 침착해야 해."

① 실전 사례: 뇌전증 환자 응급처치

학생의 경련이 점점 잦아들 무렵, 그녀는 다음과 같이 행동했다.

㉠ 하지 말아야 할 것:

환자의 몸을 억지로 고정하거나, 입에 물건을 넣지 않는다.

"이건 오히려 환자에게 더 큰 위험을 초래합니다."

㉡ 해야 할 것:

환자의 주변 물건을 치워 안전한 공간을 확보한다.

머리를 부드럽게 받쳐주고, 기도 확보 후 호흡이 원활한지 확인한다.

학생의 상태가 안정되자, 그녀는 부드러운 목소리로 말했다.

"조금만 더 버티면 의료진이 도착할 거예요. 지금 아주 잘 버티고 있어요."

그녀는 교사에게도 말했다. "조금 더 쉬게 두면 괜찮아질 겁니다. 이제 추가로 병원에서 진료를 받으면 됩니다."

체험학습이 끝난 뒤, 교사는 말했다. "오늘 안전지도사님 덕분에 잘 마칠 수 있었습니다. 감사합니다."

그녀는 미소 지으며 대답했다. "우리가 함께했기 때문에 가능했던 일입니다. 응급처치는 혼자가 아니라 모두의 힘으로 이루어지는 거니까요. 선생님도 수고하셨습니다."

결론: 협력과 침착함이 만드는 안전

그날 저녁, 그녀는 동료 안전요원들에게 말했다. "우리가 할 수 있는 건 생명을 지키는 연결고리가 되는 거예요. 지나친 시도는 오히려 해가 될 수 있죠. 의료진에게 맡길 줄 아는 것도 응급처치의 중요한 부분입니다." 응급상황에서는 혼자 모든 걸 해결하려 하지 말고, 주변의 도움을 최대한 활용해야 한다. 안전요원의 차분함과 주변인의 협력은 위기를 극복할 수 있는 가장 강력한 도구다.

5장
주요 응급상황과 대처 방법

수학여행은 학생들에게 새로운 경험과 배움의 기회를 제공하지만, 예상치 못한 사고가 발생할 수 있다. 안전요원은 이러한 상황에서 신속하고 정확한 대처로 학생들의 안전을 지켜야 한다.

특히 생명을 위협할 수 있는 심각한 상황에서 적절한 응급처치는 매우 중요하다. 이번 장에서는 수학여행 안전요원들이 비상 상황에 효과적으로 대응할 수 있도록 주요 사고에 대한 응급처치 방법과 대처 방안을 제공한다.

5.1 심폐소생술(CPR)

갑작스러운 위기 속에서

　수학여행의 마지막 날, 숙소의 조용한 아침을 깨뜨린 한 소리. "선생님! 선생님!" 학생의 다급한 외침에 황급히 달려갔다. 현장에 도착하니, 한 교사가 바닥에 쓰러져 있었다. 얼굴이 창백했고, 가슴은 움직이지 않았다.

　안전요원은 주변을 살피며 소리쳤다. "학생들, 모두 뒤로 물러나세요. 앞에 계신 선생님, 119에 전화해주시고 그 옆에 학생은 1층 현관 앞에 있는 자동제세동기(AED)를 가져다주세요!" 그녀의 목소리는 침착했지만 단호했다. 이제부터는 시간이 생명을 결정한다는 것을 누구보다 잘 알고 있었다.

1) 심폐소생술(CPR)의 정의와 중요성
　심폐소생술은 심장과 호흡이 멈춘 환자에게 산소와 혈액의 흐름을 인공적으로 만들어주는 응급처치 방법이다.

(1) 심정지의 골든타임
- 심정지 발생 후 **4분 이내**에 심폐소생술을 시작하지 않으면 **뇌 손상**이 시작된다. 심장은 산소와 혈액을 공급하지 못하기 때문에, 시간이 지날수록 생존 가능성과 신경학적 회복 가능성이 급격히 낮아진다.

(2) 생존율 향상
- 우리나라에서 매년 약 **3만 명** 이상의 **심정지 환자**가 발생하며, 이들의

생존 확률은 약 7.5%에 불과하다. 그러나 즉각적인 심폐소생술은 생존율을 **최대 3배까지** 높일 수 있다. 이는 적시에 심폐소생술을 시행하는 것이 얼마나 중요한지를 보여준다.

"시간을 낭비할 여유가 없어. 지금 바로 시작해야 해."
· 심정지 환자에게는 골든타임이 생존의 열쇠다. 1분 1초의 차이가 생명을 구할 수 있음을 기억해야 한다. 신속하고 정확한 심폐소생술 시행은 환자의 생명을 지키는 가장 중요한 행동이다.

2) 심폐소생술을 실시해야 하는 상황:
"정상적인 호흡이 없어. 이건 심정지야."
환자의 상태를 확인하며 심폐소생술이 필요한지를 판단한다.
· 심정지: 환자가 의식이 없고, 호흡이 멈춘 경우.
· 호흡 정지: 코와 입 근처에서 호흡 소리가 들리지 않는 경우.
· 비정상적인 호흡: 헐떡거림 같은 비정상적인 움직임만 보이는 경우.

3) 심폐소생술 전 준비 사항
· 안전 확보: 주변을 살펴 환자와 구조자의 안전을 확인한다.
· 의식 확인: 환자의 어깨를 두드리며 "괜찮으세요?"라고 물어본다.
· 도움 요청: 주변인에게 119 신고와 AED 요청을 명확히 한다.

4) 심폐소생술 실시 단계(CAB)
뒤에서는 학생들의 웅성거림이 들려왔지만, 그녀는 오직 한 가지에만 집중했다.

"가슴 압박이 정확해야 생명을 이어갈 수 있다."

(1) 가슴 압박: 생명을 이어가는 압력

① **압박 방법**
- 위치: 가슴뼈 중앙 하단 1/2 부분에 손꿈치를 위치.
- 체중 활용: 팔을 곧게 펴고 어깨를 수직으로 유지하며 체중을 실어 압박.
- 깊이: 성인 약 5cm, 소아 4~5cm, 영아 4cm.
- 속도: 분당 100~120회.
- 가슴 압박 30회: 인공호흡 2회 비율로 반복.

② **목적과 효과**
- 산소가 포함된 혈액을 주요 장기로 전달, 생존율과 회복 가능성 극대화.

③ **가슴 압박 시 주의사항**
- 압박 깊이가 얕거나 속도가 너무 느리면 효과가 떨어진다.
- 압박 후 가슴을 완전히 복귀시키지 않으면 혈액 순환이 방해된다.
- 환자의 갈비뼈가 부러질 수 있으나, 생명을 구하는 것이 우선이다.

(2) 기도 개방

① **기도 확보 방법**
- 머리 뒤로 젖히기: 이마를 손바닥으로 눌러 머리를 부드럽게 뒤로 젖힌다.
- 턱 들어 올리기(Chin Lift): 한 손으로 턱 끝을 들어 올려 기도를 열어준다.

② 목적과 효과
- · 기도를 열어 공기 흐름을 원활히 유지.
- · 산소 부족으로 인한 뇌 손상을 방지하기 위해 신속한 개방 필수.

③ 주의사항
- · 목 부상이 의심될 경우 과도한 머리 젖힘 금지.
- · 머리와 턱 위치를 유지하며 기도 막힘 여부를 지속적으로 관찰.

(3) 인공호흡: 생명을 이어주는 숨
① 호흡 주입 방법
- 코 막기:
 · 두 손가락으로 환자의 코를 막아 공기가 빠져나가지 않도록 한다.

- 입으로 공기 불어넣기:
 · 자신의 입으로 환자의 입을 완전히 덮는다.
 · 천천히 약 1초간 공기를 불어넣으며 가슴이 올라오는지 확인한다.
 · 가슴이 내려가기를 기다린다.

5) 심폐소생술 중 흔히 발생하는 실수와 예방법
(1) 압박 깊이가 얕거나 속도가 너무 느린 경우:
- · 심폐소생술의 효과가 감소하므로, 5cm 깊이와 분당 100~120회 속도를 반드시 유지한다.

(2) 압박 후 가슴을 완전히 복귀시키지 않은 경우:
- 순환을 위해, 압박 후에는 항상 가슴이 원래 상태로 돌아오도록 한다.

(3) 인공호흡 시 과도한 공기 주입:
- 폐로 가지 않고 위장이 팽창할 수 있으므로, 공기를 천천히 적정량만 불어넣는다.

6) 심폐소생술과 법적·윤리적 고려 사항

심폐소생술은 생명을 구하는 중요한 기술이지만, 이를 수행하는 과정에서 법적·윤리적 사항을 철저히 준수하는 것이 안전요원의 책임이다.

(1) 동의
- 심폐소생술을 수행할 때는 환자의 상태에 따라 동의 여부를 고려해야 한다. 환자가 **의식이 없는 경우**, 이는 **암묵적인 동의**로 간주되어 CPR을 실시할 수 있다. 반면, 환자가 **의식이 있을 경우에는 명시적 동의**를 얻는 것이 중요하다.

(2) Good Samaritan법
- 비전문가가 긴급 상황에서 선의로 CPR을 수행한 경우, Good Samaritan법에 따라 법적 책임이 면제될 수 있다. 이는 응급 상황에서 도움을 제공한 사람을 보호하기 위한 법적 장치로, CPR 수행자의 부담을 줄이는 역할을 한다.

(3) 기밀 유지

CPR을 실시하는 과정에서 환자의 상태나 개인정보를 알게 되는 경우, 이를 기밀로 유지해야 한다. 환자의 개인정보는 반드시 필요한 경우에만 공유하며, 환자의 권리를 침해하지 않도록 주의해야 한다.

결론: 골든타임의 중요성

10분 후, 119 구급대가 도착했다. 간단히 환자의 상태와 처치 과정을 설명했다. "심정지는 약 3분 전에 시작되었고, CPR과 AED 충격은 한 차례 시행했습니다."

의료진은 고개를 끄덕이며 말했다. "좋은 대처로 환자의 생존 가능성을 크게 높이셨어요." 골든타임을 놓치지 않기 위해 신속하고 정확한 행동을 실천하는 것은 생존율을 높이는 데 매우 중요한 요소다.

심폐소생술은 생명을 연결하는 다리이자, 골든타임을 지키는 손길이다. 그날, 그녀의 손끝에서 한 생명이 다시 이어졌다.

참고 자료:

미국심장협회(American Heart Association, AHA) CPR 지침

국내 응급처치 관련 법률 및 지침

최신 응급의학 연구 논문 및 학술 자료

질병관리청 국가정보건강포털

5.2 자동심장충격기(AED) 사용법

수학여행 마지막 날, 숙소에서 쓰러진 선생님에게는 AED가 결정적 역할을 했다.

1) AED의 역할과 중요성

AED는 심정지 환자의 생명을 구하는 데 필수적인 응급 장비다. 심정지는 심장이 정상적으로 펌프질하지 못해 혈액 순환이 멈춘 상태로, 몇 분 내에 적절한 조치가 이루어지지 않으면 뇌 손상이나 사망으로 이어질 수 있다. AED는 이러한 위기에서 심장의 전기 신호를 분석하고, 필요 시 전기 충격을 가해 심장이 다시 뛰게 한다.

2) AED 사용 절차
(1) 환자 발생
· 환자를 평평한 바닥에 눕힌다.
· 주변의 위험 요소를 확인하며 안전거리를 확보한다.
(2) AED 준비
· AED의 전원을 켠다.
· AED의 음성 지시에 따라 절차를 진행한다.
(3) 패드 부착

- 환자의 가슴을 노출시킨다.
- 패드를 오른쪽 쇄골뼈 아래와 왼쪽 겨드랑이 중앙에 부착한다.

(4) 심장 리듬 분석 및 충격
- AED가 지시한다: "분석 중입니다. 환자에게 접촉하지 마세요."
- 충격 지시가 나오면, "모두 물러나세요!"라고 외친 후 충격 버튼을 누른다.
- 환자의 몸이 순간적으로 떨리며 충격이 가해진다.

(5) CPR 재개
- AED의 지시에 따라 즉시 CPR을 재개한다.
- "30번 압박, 2회 인공호흡. 계속 반복하세요."

(6) 응급의료 서비스 도착
- 119가 도착하면 AED 사용 과정과 환자 상태를 침착하게 설명한다.
- "쓰러진 지 3분 경과, CPR과 AED 충격은 한 차례 시행했습니다."

3) AED 사용 시 주의사항

(1) 패드 부착의 정확성
- 패드가 젖거나 기름진 피부에 부착되면 효과가 떨어질 수 있다.
- 정확한 위치에 부착해야 전기 충격이 심장에 제대로 전달된다.

(2) 충격 시 거리 유지
- 충격을 가하기 전에 반드시 환자와 접촉하지 않는다.
- 주변 사람에게 환자와 떨어져 있을 것을 명확히 지시한다.

(3) 지속적인 모니터링
- AED가 추가 충격을 요구하지 않아도 환자의 상태를 관찰한다.
- CPR을 중단하지 않고 필요 시 반복한다.

4) AED의 중요성

　AED는 생명을 살리는 매우 중요한 장비로, 신속하고 정확하게 사용하면 생존 가능성을 70% 이상까지 높일 수 있다. 전선희 대표는 말했다. "AED는 사람을 살리는 도구다. 하지만 **제대로 사용하지 못하면 그저 기계에 불과하다. 정확히 알고 준비해야만 생명을 지킬 수 있다.**"

결론

　AED는 위기의 순간에 생명을 지킬 수 있는 가장 강력한 도구다. 그러나 도구의 효과는 이를 사용하는 사람의 올바른 절차와 훈련, 그리고 신속한 판단에 달려 있다. 그날 AED를 사용한 그녀의 손끝에서 또 한 번의 기적이 만들어졌다.

참고 자료:
미국심장협회(American Heart Association, AHA) AED 사용 지침
국내 응급처치 관련 법률 및 지침
최신 응급의학 연구 논문 및 학술 자료

5.3 출혈 종류 및 지혈 방법

출혈은 생명을 위협하거나 빠른 대응이 필요한 주요 응급상황 중 하나다. 출혈의 심각성에 따라 대출혈과 경미한 출혈로 구분되며, 각각의 상황에 맞는 적절한 대처가 필수적이다.

1) 외부출혈
- 사례: 계단에서의 예상치 못한 사고

가을 바람이 선선히 부는 어느 날, 학생들이 역사의 숨결을 느끼기 위해 강화도의 한 문화재 관람 장소를 방문했다. 계단을 오르내리며 즐겁게 이야기를 나누던 중, 한 학생이 발을 헛디뎌 계단어 넘어졌다. "선생님! 피가 나요!"라는 외침에 급히 달려갔다. 무릎에서 피가 많이 흘렀고, 학생은 놀란 표정으로 무릎을 움켜쥐고 울고 있었다. "괜찮아, 나가 도와줄게요. 조금만 참아요." 차분히 말했다.

(1) 출혈의 종류

학생의 무릎에서는 열상으로 인한 정맥 출혈이 발생했다. 피가 계속 흐르고 있었지만, 맥박에 따라 튀지 않는 것으로 보아 동맥 출혈은 아니었다. 생명에 지장은 없지만, 감염을 막고 출혈을 빨리 멈추는 게 중요하다.

① **동맥 출혈:**

밝은 붉은색 피가 맥박에 맞춰 튀어 오르는 상태.

· 즉각적인 조치가 필요하다.

② **정맥 출혈:**

어두운 붉은색 피가 **지속적으로 흐르는 상태.**

· 감염 예방과 신속한 지혈이 중요하다.

③ **모세혈관 출혈:**

피부 표면에서 **천천히 흐르는 상태.**

·일반적으로 큰 위험이 없으나 깨끗한 소독이 필요하다.

(2) 지혈 방법: 출혈 관리의 주요 단계

① **직접 압박**

멸균 거즈를 상처 부위에 덮고 손으로 부드럽게 눌렀다.

"이제 피가 멈출 때까지 꾹 누를게요. 걱정 말고 조금만 참아보세요." 출혈은 점차 줄어들었고, 학생도 차분히 안정을 되찾았다.

② **간접 압박(혈관 압박)**

출혈이 멈추지 않을 경우, 대퇴동맥 부위를 눌러 혈류를 줄일 준비를 했다. "출혈이 멈추지 않으면 동맥을 눌러야 해요. 하지만 지금은 다행히 잘 멈추고 있어요."

③ 다리 올리기

환자의 다리를 심장보다 높게 들어주어 출혈 속도를 줄였다. "이렇게 하면 출혈이 더 빨리 멈출 거예요."라며 학생을 평평한 곳에 눕히고 다리를 받쳐 주었다.

④ 드레싱

출혈이 멈춘 뒤, 주변의 피와 이물질을 제거하고 소독을 마쳤다. 멸균 거즈를 상처에 덮고 붕대를 감으며 말했다. "너무 세게 감으면 혈액이 안 통하니까 적당히 감을게요. 이제 움직이지 않도록 조심하세요."

(3) 주변 환경 정리

사고가 난 계단 주변에 학생들이 몰려들자, 그녀는 상황을 정리했다.
"모두 뒤로 물러나세요. 계단에서 넘어질 수 있으니 주의하면서 천천히 움직여요."
학생들의 안전을 챙기며 현장을 정리했다.

결론: 침착한 대처가 생명을 지킨다

그날의 작은 사고는 침착하고 신속한 응급처치로 깔끔하게 해결됐다. 학생은 무릎을 감싼 붕대를 만지작거리며 말했다. "선생님, 저 조금 아프지만 이제 괜찮아요. 감사합니다."

현장체험학습 중 이런 작은 사고는 언제든 발생할 수 있다. 그러나 신속하고 정확한 응급처치는 단순히 출혈을 멈추는 것을 넘어 학생의 **불안을 덜어주고, 더 큰 사고를 예방**하는 중요한 역할을 한다. "응급처치는 상처만 처치하는 것이 아니라, 안정을 동시에 제공하는 과정이다."

2) 대출혈: 심각한 혈액 손실로 생명을 위협하는 상황

(1) 대출혈 대처법:

한 학생이 유리 조각에 팔을 베여 동맥 출혈이 발생했다.

① **즉각적인 압박(Immediate Compression):**

직접 압박+간접 압박 동시 진행

· 방법: 깨끗한 거즈로 상처 부위를 강하게 누르고 상완동맥도 누른다.

· 목적: "출혈을 멈추려면 단단히 눌러야 해요." 설명하며 혈류를 차단했다.

※ 주의: 압박 중 상처 부위를 아래로 향하지 않도록 조심한다.

② **지혈대 사용(Use of Tourniquet):**

사지 동맥 출혈이 멈추지 않을 경우 최후의 수단으로 사용한다.

· 방법: "출혈 부위 위쪽에 지혈대를 감을게요. 시간이 중요하니 바로 병원으로 가야 합니다."라고 환자와 주변에 알렸다.

※ 주의: 지혈대 사용 시간을 기록하고, 의료진에게 전달한다.

③ **환자 안정화(Stabilize the Patient):**

출혈로 인한 쇼크를 예방

· 방법: "바닥에 편히 누워 다리를 조금 들어 올릴게요. 숨 천천히 쉬세요."

· 목적: 혈액 순환을 돕고, 환자의 상태를 모니터링했다.

※ 주의: 환자가 의식을 잃지 않도록 지속적으로 말을 걸며 안심시켰다.

3) 경미한 출혈: 생명에는 지장 없지만, 적절한 처치 필요

(1) 경미한 출혈 대처법:

한 학생이 운동장에서 가벼운 긁힘으로 손등에 피가 났다.

① **압박(Compression)**
- 방법: "거즈로 살짝 눌러볼게요. 금방 멈출 거예요."
- 목적: 작은 출혈도 신속히 멈추고 상처를 보호한다.

② **청결 유지(Maintain Cleanliness)**
- 방법: 흙먼지로 더러워진 상처를 흐르는 물로 세척했다.
- 목적: "깨끗하게 씻어야 감염을 막을 수 있어요."

③ **관찰 및 관리(Monitoring)**
- 방법: "통증이나 이상이 있으면 꼭 말해요."
- 목적: 상처 상태를 확인하며 추가 처치가 필요할 경우를 대비한다.

결론

출혈 상황에서는 **신속한 판단과 정확한 응급처치**가 생명을 구하는 열쇠다. 대출혈과 경미한 출혈 모두, **적절한 대처**를 통해 회복 속도를 높이고 감염이나 합병증을 방지할 수 있다.

"침착한 대응이 사고의 결과를 바꿀 수 있다." 이 사실을 기억하며, 매 순간 최선을 다해 응급 상황에 대비해야 한다.

4) 출혈 합병증: 쇼크 예방
(1) 쇼크 예방

쇼크는 심각한 출혈이나 부상으로 인해 신체의 혈액 순환이 감소하면서 발생할 수 있다. 즉각적인 대처는 환자의 생명을 지키는 데 필수적이다.

① 증상
- · 창백한 피부.
- · 식은땀과 차가운 피부.
- · 약한 맥박과 혼란스러운 의식.

② 대처 방법
- · 환자를 바닥에 눕히고 안정된 자세를 유지시킨다.
- · 환자의 다리를 심장보다 높게 들어 혈류를 유지한다.
- · 응급담요나 옷을 이용해 환자를 덮어 체온을 유지한다.

결론: 합병증 예방이 응급처치의 연장선

쇼크는 출혈 부상 후 발생할 수 있는 주요 합병증이다. **침착한 대처와 철저한 관리**는 생명을 지키는 데 중요한 역할을 한다. "출혈 시, 응급처치는 지혈뿐 아니라, 부상 이후의 안전을 보장하는 과정이다."

5.4 상처 관리 드레싱 및 붕대감기

1) 상처 관리 드레싱: 상처 소독
(1) 청결 유지(Cleanliness)
　수목원에서 한 학생이 넘어져 무릎에 찰과상을 입었다. 상처에는 흙과 작은 자갈들이 묻어 있어 즉시 흐르는 물로 상처 부위를 부드럽게 씻어 흙과 이물질들을 제거했다.

(2) 소독제 사용(Use of Disinfectants)
　세척 후, 소독제를 사용해 상처 주위를 꼼꼼히 닦는다.

(3) 건조(Drying)
　마지막으로 자연건조 또는 깨끗한 거즈를 사용해 상처를 말리며 건조한 상태를 만든다.

2) 붕대 선택(Choosing the Right Bandage)
　상처를 보호하고 출혈을 방지하기 위해 적합한 크기와 재질의 붕대를 선택한다.

3) 붕대 감기(Applying the Bandage)

상처를 외부 충격에서 보호하고 안정적으로 고정하며 혈액순환이 원활하게 되도록 너무 조이지 않게 감는다.

4) 붕대 교체

(1) 정기적인 교체(Regular Replacement)

상처 부위를 깨끗이 유지하기 위해 새 거즈와 붕대를 사용해 교체해야 한다.

(2) 오염 시 교체(Changing When Soiled)

더러워진 붕대는 감염의 원인이 될 수 있으므로 즉시 교체한다.

결론: 세심한 관리로 회복을 돕다

그날, 학생은 세심한 처치로 안정을 되찾았다. 상처 소독과 붕대 감기의 **올바른 절차는 회복과 감염 예방의 중요한 역할**을 한다. "작은 관리가 큰 차이를 만든다." 응급처치는 위기 상황에서 회복의 시작을 여는 행동일 뿐만 아니라, 환자의 마음까지 편안하게 만든다는 것을 다시금 깨달았다.

5.5 골절과 탈구 응급처치

골절과 탈구는 응급 상황에서 신속하고 정확한 대처가 요구되는 부상이다. 적절한 조치는 부상을 안정화하고 통증을 줄이며, 추가 손상을 방지한다.

1) 골절 응급처치
골절 부위는 **안정화**와 **추가 손상 방지**가 핵심이다.
(1) 골절 부위 고정:
- 움직임을 최소화하고 안정적인 상태로 유지해야 한다.

(2) 부상 부위 안정화:
- 환자의 자세를 그대로 유지한 채, 골절 부위가 움직이지 않도록 한다.
- 불필요한 움직임은 더 큰 손상을 초래할 수 있다.

(3) 부목 사용:
- 부목을 골절 부위 양쪽에 배치한 뒤, 붕대나 테이프를 이용해 단단히 고정한다.
- 주위에서 나무 조각, 잡지 등 대체 가능한 도구를 활용할 수 있다.

(4) 노출 골절 대처:
- 깨끗한 천이나 멸균 드레싱으로 덮어 감염을 방지한다.
- 노출된 부위는 절대 만지지 말고, 덮어주는 것만으로도 충분하다.

(5) 이동 요령:
- 환자가 고정된 상태에서 불필요한 움직임을 최소화한다.
- 들것이나 대체 장비를 활용해 안전하게 이동시킨다.
- 부목이나 붕대가 혈액 순환을 차단하지 않도록 손끝과 발끝의 상태를 점검한다.
- 손끝이 차거나 감각이 없으면 붕대를 너무 꽉 맨 걸 수 있으니 확인이 필요하다.

2) 탈구 응급처치
탈구는 관절이 정상 위치에서 벗어난 상태로, 관절 안정화와 통증 완화가 중요하다.

(1) 관절 안정화
① **움직임 제한:**
- 관절을 움직이지 않도록 하고, 현재 자세를 유지한다.

② **부목 및 붕대 사용:**
- 부목으로 고정하거나 붕대로 감싸 관절을 안정화한다.
- 혈액 순환에 문제가 없도록 주의한다.

③ **지지대 활용:**

- 베개 등을 이용해 관절을 지지하며 추가적 고정을 제공한다.

(2) 통증 완화

① **냉찜질:**
- 얼음팩이나 차가운 물수건으로 부기와 통증을 완화한다.
- 얼음을 직접 피부에 대지 않도록 천으로 감싸 사용한다.

② **심리적 안정:**
- 환자에게 차분히 상황을 설명하며 안심시킨다.

3) 골절과 탈구 응급처치 시 유의사항

(1) 전문가 호출:
- 골절이나 탈구가 의심되면 119에 도움을 요청한다

(2) 무리한 조작 금지:
- 관절을 직접 재정렬하거나 골절 교정을 시도하지 않는다.
- 잘못된 조작은 더 큰 손상을 초래할 수 있다.

(3) 충격 상태 방지:
- 환자를 따뜻하게 유지하고, 안정된 환경을 제공한다.
- 담요로 체온을 유지하며 환자가 안정을 취할 수 있도록 도와준다.

4) 응급처치 후 관리: 지속적인 관찰과 추가 조치 필요

(1) 의료기관 이송:
- 전문가의 치료를 받을 수 있도록 가능한 빨리 이송한다.

(2) 상태 모니터링:
· 부목 고정 상태와 혈액 순환 상태를 지속적으로 확인한다.

(3) 의료진 정보 제공:
· 부상 상태와 응급처치 내용을 명확히 전달한다.

결론: 안정화와 예방이 만드는 안전
골절과 탈구 응급처치는 부상 부위의 안정화, 통증 완화, 추가 손상 방지에 중점을 둔다. 지침을 숙지하고 신속히 실행하는 것은 환자의 생명을 구하고 회복 속도를 앞당기는 가장 중요한 요소다. **"침착한 응급처치는 사고의 결과를 바꾸고**, 환자에게 회복의 희망을 제공합니다."

5.6 쇼크 및 과민반응 대처

쇼크는 마치 어둠 속을 헤매는 것과 같다. 혈액이 제 역할을 못 해 신체 각 구석구석에 필요한 산소와 영양소를 전달하지 못할 때, 생명을 위협하는 치명적인 상태에 빠진다. 이 상태는 다양한 원인으로 촉발되며, 때로는 심각한 결과를 초래할 수 있다. 이야기는 두 주요한 쇼크 유형, 저혈량성 쇼크와 알레르기 쇼크를 중심으로 펼쳐진다.

1) 저혈량성 쇼크(Hypovolemic Shock)
사례: 탈수로 인한 쇼크

수학여행 중이던 한 학생이 심각한 탈수 증상을 보였다. 더운 날씨와 활동적인 일정이 그를 지치게 했고, 물을 충분히 마시지 못한 결과였다. 이런 저혈량성 쇼크는 탈수뿐 아니라, 심한 출혈이나 화상 등 여러 원인에 의해 발생할 수 있다.

학생의 피부는 창백하고 차가워졌으며, 맥박은 빠르고 약해졌다. 호흡은 점점 더 얕아지고 빨라졌다. 현장에 있던 안전요원은 즉시 아래와 같이 응급처치를 실시했다.

· 그늘진 곳으로 옮기고, 다리를 심장보다 높게 위치시켜 혈액 순환을 도

왔다.
- 체온을 유지하기 위해 담요를 덮고, 물수건으로 머리를 식혔다.
- 음식이나 음료는 제공하지 않고, 119에 즉시 연락해 응급 상황을 설명했다.
- 지속적으로 호흡과 맥박을 관찰하며 필요한 경우 심폐소생술(CPR)을 준비했다.

2) 알레르기 쇼크(아나필락시스, Anaphylactic Shock)
사례: 곤충 쏘임으로 인한 아나필락시스

한 학생이 체험학습 도중 곤충에 의해 심각하게 쏘였다. 이는 땅콩, 견과류, 해산물 등 특정 음식 또는 특정 약물, 곤충 독에 의해 촉발될 수 있는 아나필락시스 쇼크로 이어졌다. 학생의 피부는 급속히 부어올랐다. 순식간에 호흡이 곤란해지며, 생명이 위협받기 시작했다. 급격한 혈압 저하와 심한 어지럼증이 학생을 괴롭혔다.

즉시, 도와주겠다고 부드러운 목소리로 학생을 안심시켰다.

에피펜을 꺼내 안전 캡을 당겨 제거하고, 주황색 끝을 아래로 향하게 하여, 학생의 허벅지 바깥쪽에 정확하게 위치시켰다.

"조금만 참아요."라고 말하며 에피펜을 허벅지에 직각으로 강하게 눌렀다. '딸깍' 소리와 함께 약물이 투여되었고, 3초에서 10초간 그대로 유지했다. 주사기를 부드럽게 빼내고는 주사 부위를 마사지해 약물의 흡수를 도왔다. 바로, 119에 상황을 전달하고 응급 지원을 요청했다. 학생을 평평하게 눕히고 다리를 약간 들어 혈액 순환을 돕는 한편, 호흡이 더 곤란해지지 않도록 학생의 상체를 약간 세웠다. 그녀는 끊임없이 학생의 호흡과 맥박을 체크하며, 호흡이 멈춘다면 즉시 CPR을 실시할 준비를 했다.

이 모든 과정을 통해 그녀는 학생의 생명을 구하는 데 결정적인 역할을 했다. 이 사건은 수학여행 중 발생할 수 있는 응급 상황에 대비한 철저한 준비의 중요성을 다시 한번 일깨워주었다. 이 두 사례에서 보듯, 쇼크와 아나필락시스는 신속하고 정확한 응급 처치가 필수적이다. 원인과 증상을 파악하고, 적절한 대처법을 숙지함으로써 위급 상황에서 생명을 구할 수 있다.

3) 쇼크 환자 대처 시 일반적인 주의사항

먼저, 침착함을 유지하는 게 중요하다. 환자를 진정시키기 위해 차분한 목소리로 말하고, 불필요한 움직임을 제한해서 추가적인 손상을 방지한다. 환자는 응급 수술이 필요할 수 있으니 음식이나 음료를 주지 않는다.

또한, 환자의 알레르기 정보나 증상 발생 시간 같은 중요한 의료 정보를 기록하고, 시행한 응급처치나 투여한 약물 정보도 의료진에게 정확히 전달한다. 감염 예방을 위해 출혈 부위나 주사 부위를 깨끗하게 유지하고, 응급 처치를 할 때는 가능한 개인 보호 장비를 착용한다. 마지막으로, 만약의 상황을 대비해서 심폐소생술 같은 필수 응급처치 기술은 반드시 익혀둬야 한다. 이런 준비는 안전요원에게 기본 중에 기본인 것이다.

결론: 생명을 지키는 응급 대처의 중요성

쇼크와 아나필락시스는 빠르고 적절한 대처가 없으면 치명적인 결과를 초래할 수 있다. **"쇼크 상황에서는 기술과 침착함이 환자의 생사를 가른다."** 이 말은 응급상황에서 정확한 기술과 침착한 판단이 얼마나 중요한지를 잘 보여준다.

5.7 화상 응급처치

수학여행 중인 학생들의 숙소에서 갑작스러운 비명이 터져 나왔다. 라면을 몰래 끓여 먹으려다가 커피포트의 뜨거운 물이 엎질러지며 학생의 허벅지를 강타했다.

순간적인 열기와 함께 피부는 붉게 달아올랐고, 통증이 밀려왔다. 예고 없이 찾아온 화상은 재앙과도 같았다. 열, 화학 물질, 전기, 방사선 이 모든 것들은 언제든지 우리의 피부조직을 상처 입힐 수 있는 위험 요소였다. 고통뿐만 아니라 심각한 합병증을 초래할 수 있는 이 상황에서, 안전요원의 신속하고 정확한 대처가 필요하다.

1) 화상의 분류
(1) 1도 화상(표재성 화상):
 가장 경미한 형태로, 일상에서 흔히 발생한다. 피부는 붉게 변하고 약간의 부기와 따끔거림이 느껴진다. 이는 표피층만 손상된 상태로, 적절한 냉각과 보습만으로도 대부분 자연 치유가 가능하다.

① **실제 예시:** 한 학생이 숙소에서 샤워 중 샤워기 온수 조절 고장으로 뜨거운 물이 팔과 어깨에 닿아 1도 화상을 입었다.

(2) 2도 화상(부분층 화상):

피부의 표피와 진피 일부를 손상시키며, 물집이 형성된다. 통증이 심하고 부기도 동반된다. 뜨거운 물에 데인 경우나 화학 물질에 의한 손상이 이에 해당한다.

① **실제 예시:** 학생들이 요리 체험을 하던 중, 한 학생이 뜨거운 프라이팬에 손목이 닿아 2도 화상을 입었다.

(3) 3도 화상(전층 화상):

피부의 모든 층을 파괴하며, 피부는 흰색, 검은색 또는 갈색으로 변하고 건조하고 가죽처럼 단단해진다. 신경 손상으로 인해 통증을 느끼지 못하는 경우가 많다. 화재로 인한 심각한 화상이나 고압 전기에 의한 화상이 여기에 해당한다.

① **실제 예시:** 한 공장 작업자가 기계 고장으로 인한 화재에 휘말려 심각한 3도 화상을 입었다.

(4) 4도 화상(근육 및 뼈 손상):

화상 중 가장 심각한 형태로, 피부뿐만 아니라 근육, 심지어 뼈까지 손상된다. 예를 들어, 화학 공장의 대형 폭발로 인한 화재에서 생존자가 입을 수 있는 극심한 화상이다. 탄화된 조직은 회복이 불가능하며, 종종 절단이나 광범위한 수술이 필요하다.

① **실제 예시:** 화학 공장에서 발생한 폭발 사고로 한 작업자가 전신에 4도 화상을 입었다. 근육과 뼈까지 손상되었으며, 신경이 완전히 파괴되어 아무런 통증도 느끼지 못했다.

2) 화상 등급별 응급처치법

(1) 1도 화상(표재성 화상)
- 화상 부위를 즉시 찬물로 10~20분 동안 식힌다.
- 화상 부위를 깨끗하고 부드러운 천으로 가볍게 덮는다.
- 보습제를 사용해 피부를 촉촉하게 유지한다.
- 통증이 있으면 진통제를 복용한다.
- 물집이 생기지 않으므로 추가 치료는 필요하지 않다.

(2) 2도 화상(부분층 화상)
- 즉시 찬물로 10~20분 식혀 손상을 최소화한다.
- 물집이 터지지 않도록 보호한다.
- 멸균 거즈로 화상 부위를 가볍게 덮어 감염을 예방한다.
- 통증이 심할 경우 진통제를 복용한다.
- 깊거나 넓은 화상일 경우, 병원을 방문한다.

(3) 3도 화상(전층 화상)
- 화상 부위를 찬물로 식히지 않는다. (피부가 이미 손상된 상태이므로 추가 손상 방지).
- 깨끗한 마른 천이나 멸균 드레싱으로 화상 부위를 덮는다.

- 손상을 최소화하기 위해 화상 부위를 압박하지 않는다.
- 환자가 의식이 있는 경우 수분을 제공한다.
- 즉시 119에 연락해 응급 의료 지원을 요청한다.

(4) 4도 화상(근육 및 뼈 손상)
- 화상 부위를 찬물로 식히지 않는다. (심부 조직 손상 방지).
- 깨끗한 멸균 드레싱으로 화상 부위를 가볍게 덮는다.
- 가능한 한 움직임을 최소화해 추가 손상을 방지한다.
- 즉시 119에 연락하고, 신속히 병원으로 이송한다
- 환자가 의식이 있는 경우 안정을 취하도록 돕는다.

※ 주의사항(공통):
- 얼음물 금지: 혈관이 수축되어 조직 손상이 악화된다.
- 연고 금지: 열 배출을 방해하고 감염 위험을 증가시킨다.
- 화상 부위 접촉 주의: 문지르거나 압박하지 않는다.
- 얼음 직접 접촉 금지: 혈액 순환을 방해하고 피부 손상을 유발할 수 있다.

3) 경미한 화상 응급처치(Mild Burns)
(1) 증상
- 피부의 발적과 약간의 부기
- 통증 및 따끔거림
- 작은 물집이 있을 수 있음

① **실제 예시 1**: 수학여행 중 학생들이 박물관을 견학하던 중, 한 학생이

부주의로 뜨거운 전시물(증기 기관 모형)을 만져 손가락에 화상을 입었다.

② **대처법**
- 학생을 전시물로부터 멀리하여 추가적인 화상을 방지한다.
- 즉시 흐르는 찬물에 화상 부위를 노출시켜 열을 제거한다.
- 냉각 시간은 최소 10~20분간 지속한다.
- 멸균 거즈로 외부 오염을 막는다.
- 물집이 생긴 경우 터뜨리지 않고 그대로 둔다.
- 필요에 따라 진통제를 복용하도록 한다.
- 통증 악화나 감염 징후가 나타나면 병원에 방문한다.

③ **실제 예시 2:** 야외 활동이 많은 수학여행에서 한 학생이 장시간 햇볕에 노출되어 얼굴과 팔에 가벼운 일광 화상을 입었다.

④ **대처법**
- 그늘진 곳으로 이동시켜 추가적인 햇볕 노출을 막는다.
- 화상 부위를 찬물로 10~20분간 열기를 식힌다.
- 보습 크림을 발라 피부를 진정시킨다.

4) 심각한 화상 응급처치(Severe Burns)
(1) 증상
- 피부가 흰색, 검은색, 갈색으로 변색
- 피부가 건조하고 탄력성을 잃음
- 심한 부기와 큰 물집

- 통증이 없거나 매우 심한 통증
- 호흡 곤란(호흡기 화상 시)
- 쇼크 증상: 창백한 피부, 빠른 맥박, 저혈압, 어지럼증

(2) 특별한 상황에서의 화상: 화학 물질에 의한 화상

① **실제 예시:** 수학여행 중 과학 체험 활동에서 한 학생이 부주의로 화학 물질을 피부에 흘렸다. 피부가 심하게 손상되고 통증을 호소했다.

② **대처법**
- 119에 즉시 연락하여 구급차를 요청한다.
- 학생과 주변의 학생들을 안전한 곳으로 이동시킨다.
- 보호 장비를 착용한다.
- 흐르는 물로 20분 이상 화학 물질을 제거한다.
- 멸균 거즈나 깨끗한 천으로 부드럽게 덮는다
- 의복이 달라붙어 있으면 억지로 제거하지 않는다.
- 부종을 방지하기 위해 시계 등을 제거한다.
- 학생을 편히 눕혀 다리를 심장보다 높게 올린다.
- 체온을 유지하되 화상 부위를 압박하지 않는다.
- 호흡 상태를 관찰하고 필요 시 심폐소생술을 시작한다.
- 의료진에게 상황을 설명하고 추가 처치를 돕는다.

(3) 특별한 상황에서의 화상: 전기 화상

① **실제 예시:** 숙소에서 한 학생이 고장 난 전기 콘센트를 만지다가 감전

되어 전기 화상을 입었다.

② **대처법**
- 반드시 전원이 차단되었는지 확인한다.
- 학생의 상태를 확인한 후 119에 신고한다.
- 외부 상처가 경미해 보여도 내부 손상이 심각할 수 있다.
- 즉시 병원으로 이송한다.
- 전기 화상은 심장 리듬 이상을 초래할 수 있으므로 호흡이 없을 경우 즉시 심폐소생술을 실시한다.

(4) **특별한 상황에서의 화상: 화염 화상, 호흡기 화상**

① **실제 예시:** 숙소에서 전기 누전으로 화재가 발생하였고, 한 학생이 탈출하는 과정에서 심각한 화상을 입었다. 피부가 검게 그을리고 의식이 혼미한 상태. 또 다른 학생은 연기를 많이 마신 상태다.

② **대처법**

㉠ 화염 화상 대처법
- 즉시 119에 연락하여 구급차와 소방차를 요청한다.
- 안전한 장소로 이동시키고 화상 부위를 찬물로 식힌다.
- 의복이 달라붙어 있으면 제거하지 않는다.
- 다리를 올려 쇼크를 예방하고 체온을 유지한다.
- 호흡 상태를 확인하고 필요 시 심폐소생술을 준비한다.
- 의료진에게 상황을 상세히 전달한다.

ⓒ 호흡기 화상 대처법
· 즉시 119에 연락하여 구급차와 소방차를 요청한다.
· 학생을 신속히 화염이나 연기로부터 멀리 이동시킨다.
· 기도를 확보하고 안정된 자세로 눕힌다.
· 호흡 상태를 확인하고 필요 시 심폐소생술을 준비한다.
· 의료진에게 상황과 관찰한 증상을 상세히 전달한다.

5) 안전요원을 위한 주의사항
(1) 사전 예방
· 학생들에게 화상의 위험성과 예방 방법을 교육한다.
· 위험 지역에서는 보호 장비를 착용하도록 지도한다.
(2) 응급처치 준비
· 응급처치 키트를 항상 구비하고 사용 방법을 숙지한다.
· 비상 연락망을 확보한다.
(3) 침착한 대응
· 응급 상황에서는 침착하게 대응하며, 학생들을 안심시킨다.
· 정확한 정보를 바탕으로 신속한 결정을 내린다.

결론

화상은 발생 순간부터 신속하고 정확한 응급처치가 환자의 회복과 예후를 결정짓는 중요한 부상이다. 원인과 정도에 따라 적절한 대처법을 숙지하고, **응급 상황에서 침착하게 대응하는 것은 생명을 구하고 합병증을 최소화하는 핵심 요소다.**

또한, 예방을 위한 안전 수칙을 준수하여 화상의 발생을 미연에 방지하는 것이 최선의 방법이다. 안전요원은 이 지침서를 통해 화상 응급처치에 대한 지식을 습득하여 비상 상황에 대비해야 한다. 안전요원의 응급처치가 누군가의 삶을 구할 수 있다는 믿음으로, 이 지식을 실천의 도구로 삼아주기를 바란다.

5.8 익수 사고 대처

익수 사고는 단 한 순간의 부주의로 물에 빠진 사람이 익사하거나 심각한 부상을 입을 수 있는 위험한 상황이다. 뜨거운 태양 아래, 물가에서 신나게 노는 학생이 갑작스러운 균형 상실로 물속으로 빠진다.

물속에서 호흡이 점점 어려워지며, 생존을 위한 본능적인 투쟁이 시작된다. 주변은 순식간에 긴장감으로 가득 차고, **안전요원은** 신속하고 정확한 대응이 절실히 요구된다.

익수 사고에서 가장 중요한 원칙은 구조자의 안전을 최우선으로 고려하면서도, 적절한 구조 방법을 통해 익수자의 생명을 구하는 것이다. 물속에서 구조 작업은 사고자를 구하는 것뿐만 아니라, 구조자 스스로의 위험을 방지하는 지식과 기술이 요구된다. 익수 사고에 대한 대처는 크게 세 가지로 나뉜다:

1) 물에서의 구조 방법

예시 상황: 수학여행 중 호숫가에 있던 한 학생이 갑작스럽게 물에 빠졌다. 주변 학생들은 놀라 당황했지만, 안전요원은 침착하게 상황을 파악한다.

(1) 안전 확보

① **구조자의 안전 최우선**

㉠ 위험 평가:
· 물의 상태를 빠르게 평가하여 구조자 자신이 위험에 처하지 않도록 한다.
· 물의 깊이와 현재의 조류를 확인한다.

㉡ 개인 보호 장비 착용:
· 구명조끼를 착용하여 구조자의 안전을 확보한다.

㉢ 구조 도구 사용 권장:
· 직접 물에 들어가기 전에 로프와 구명환을 준비한다
· 학생을 구조할 도구를 활용한다.

② **환경 안전 확보**
㉠ 물의 흐름과 수온, 장애물을 확인, 추가적인 위험 요소를 파악한다.
㉡ 학생들에게 도움을 요청하고, 즉시 119 신고 요청.

(2) 구조 도구 사용
① **구조 장비 활용**
㉠ Reach(손을 뻗기):
· 안전요원은 긴 막대를 학생에게 내밀어 잡도록 유도한다.

㉡ Throw(던지기):
· 안전요원은 구명환을 던져 학생이 잡을 수 있도록 한다.

㉢ Row(배를 타기):
· 안전요원은 보트를 사용하여 안전하게 학생에게 접근한다.
· 구명조끼를 착용하고 노를 사용하여 조심스럽게 이동한다.

㉣ Go(들어가기):

- 모든 다른 방법이 실패했을 때만 직접 물에 들어간다.
- 자신의 수영 실력과 체력을 객관적으로 판단하여 안전하게 접근한다.

(3) 구조 방법
① 익수자에게 접근하기
　㉠ 신중하게 접근:
- 안전요원은 학생에게 차분하게 접근하며 안심시킨다.

　㉡ 눈 맞춤 및 소통:
- 학생과 시선을 맞추고 간단한 말을 건네며 안심시킨다.

　㉢ 뒤에서 접근:
- 당황한 학생이 잡아당기는 것을 방지하기 위해 뒤로 접근한다.

　㉣ 접근 시 주의사항:
- 물의 흐름을 파악하고 이에 맞게 안전하게 이동한다.
- 의식이 있는지, 부상을 입었는지 확인한다.

② 익수자 잡기 및 이동하기
　㉠ 구조 잡기 기술 사용:
- 턱 잡기: 한 손으로 학생의 턱을 잡아 머리를 물 밖으로 유지한다.
- 겨드랑이 아래 잡기: 학생의 겨드랑이 아래로 팔을 넣어 잡는다.

　㉡ 안전한 이동:
- 뒤로 헤엄치기: 학생을 앞에 두고 뒤로 헤엄쳐 안전지대로 이동한다.
- 부력 장치 활용: 학생에게 구명환을 잡게 하여 이동을 돕는다.

③ 물 밖으로 이동

　㉠ 안전한 장소 선택:

　· 경사가 완만하고 미끄럽지 않은 곳을 선택한다.

　· 주변인의 도움을 받아 익수자를 물 밖으로 끌어올린다.

　㉡ 익수자 취급 주의사항:

　· 척추 손상이 의심되면 머리와 목을 고정하여 움직임을 최소화한다.

　· 학생을 급하게 끌거나 던지지 않는다.

2) 익수 환자 소생술 및 저체온증 대처법

(1) 익수 환자 소생술

　사례: 수학여행 중, 학생들이 계곡에서 물장구를 치며 놀고 있었다. 한 학생이 깊은 곳으로 발을 내디며 중심을 잃고 물속에 빠져 허우적거렸다. 안전요원이 이 상황을 발견하자마자 소리를 질러 주변 학생들을 물러서게 하고, 안전을 확보한 후 물속으로 뛰어들었다. 안전요원은 학생을 물 밖으로 끌어냈지만, 이미 의식이 없는 상태였다. 호흡을 확인한 뒤, 심정지가 발생했음을 확인했다. 주변 사람들에게 119에 연락을 요청하고, 자동심장충격기를 가져오라고 지시했다. 이후 곧바로 심폐소생술을 시작했다.

① 대처 과정

　㉠ 기도 확보와 초기 응급처치

　· 머리를 부드럽게 젖혀 기도를 열고 인공호흡을 실시한다.

　· 가슴 압박과 인공호흡을 30:2 비율로 시행한다.

　· 익수 사고는 기도 확보와 인공호흡이 특히 중요하다.

　㉡ 주변 관리

- 다른 학생들이 당황하지 않도록 주변을 통제시킨다.
- AED가 도착했을 때 신속히 부착해 심장 리듬을 분석한다. 전기 충격을 실시한 후, CPR을 지속했다.

ⓒ 환자 상태 변화
- 몇 분간의 응급처치 후 학생의 호흡이 돌아왔다.
- 학생을 안정된 자세로 눕히고 담요로 체온을 유지하며, 119 구조대가 도착할 때까지 상태를 계속 관찰한다.

ⓔ 구조대 도착 및 인계
- 구조대가 도착한 후, 학생의 초기 상태와 응급처치 과정을 간략히 설명하며 인계한다.

② **결과:** 신속하고 적절한 대처 덕분에 학생은 병원에서 빠르게 회복했다. 사고 후 학부모와 교사는 안전요원의 즉각적인 응급처치 덕분에 큰 사고를 면할 수 있었다며 감사를 표했다.

결론: 익수 사고 대처의 핵심

익수 사고에서는 **기도 확보**와 **인공호흡**이 골든타임 내 생존율을 높이는 **가장 중요한 요소다.** 신속하고 침착한 대처는 물론, 주변 상황을 통제하여 사고 확산을 방지하는 것이 필수적이다. 이러한 대응은 응급처치의 효과를 극대화하며, 생명을 구하는 데 있어 결정적인 역할을 한다.

이번 사례를 통해 현장 교육과 반복적인 훈련의 중요성이 다시 한번 강조되었다. 위기 상황에서 정확한 판단과 숙련된 대처는 준비된 안전요원의 진정한 가치를 증명한다.

(2) 익수 시 저체온증 대처법

① **예시 상황:** 연못에서 익수 사고를 당한 학생이 물에서 구조된 후 심한 추위와 떨림 증상을 보였다.

㉠ 환자 이동

- **따뜻하고 건조한 장소로 이동:** 안전요원은 학생을 바람을 피할 수 있는 따뜻한 장소로 옮긴다. 땅이 젖거나 차가운 곳이라면 바닥에 방수포나 담요를 깔아 체온 손실을 방지한다.
- **부드러운 이동:** 갑작스러운 움직임을 피하여 심장에 부담을 주지 않도록 조심스럽게 이동한다.

㉡ 보온

- **체온 유지:** 담요와 여분의 옷을 사용하여 학생의 체온을 유지한다. 구조 후 젖은 옷을 즉시 제거하고, 마른 옷으로 갈아입힌다.
- **머리 보온:** 모자나 수건을 사용해 머리를 덮어 체온 손실을 줄인다.

㉢ 건조 유지

- **피부 건조:** 젖은 피부를 수건으로 부드럽게 닦아 물기를 제거한다. 공기의 흐름이 닿지 않도록 방수포나 담요로 학생을 감싼다.

㉣ 따뜻한 음료 제공

- **의식이 있는 경우:** 따뜻한 물이나 설탕물을 소량씩 제공한다. 알코올 및 카페인 음료는 혈관을 확장시켜 열 손실을 유발하므로 피한다.
- **의식이 없는 경우:** 흡인 위험이 있으므로 음료를 제공하지 않는다.

㉤ 추가 보온 방법

- **온열 팩 사용:** 목, 겨드랑이, 사타구니 등 큰 혈관이 있는 부위에 온열 팩을 천으로 감싸서 적용한다. 피부에 직접 닿지 않도록 주의한다.

- **동반자 체온 공유**: 가능한 경우, 옷을 입은 상태에서 학생을 안아 체온을 전달한다.

  ⑪ 의료 기관으로 이송
- **신속한 이송**: 익수 후 저체온증은 심각한 상태이므로 가능한 한 빨리 병원으로 이송한다.
- **이송 중 보온 유지**: 이동 중에도 담요나 온열 팩으로 체온을 유지하며 지속적으로 상태를 확인한다.

결론: 익수로 인한 저체온증 대처의 중요성

익수로 인한 저체온증 상황에서는 신속하고 체계적인 대처가 중요하다. 체온을 안정적으로 유지하는 적절한 응급처치와 더불어, 의료기관으로의 **빠른 이송은 환자의 생존율을 크게 높이는 핵심 요소다.** 이처럼 위기 상황에서의 침착한 대처는 안전요원의 가장 중요한 역할임을 다시 한번 상기시킨다.

3) 익수 사고 예방

(1) 수영 안전 수칙 준수

수영 능력 파악: 자신의 수영 실력에 맞는 활동을 선택하며, 무리한 수영이나 다이빙은 피한다.

안전 장비 착용: 보트나 수상 레저 활동 시 반드시 구명조끼를 착용한다.

(2) 어린이 안전 관리
· 항상 감독하기: 수영장이나 해변에서 아이들을 눈을 떼지 않고 지켜본다.

- 안전 교육 실시: 어린이들에게 수영 기술과 물에서의 안전 수칙을 가르친다.

(3) 음주 후 수영 금지
- 알코올 섭취 후 물놀이 금지: 음주로 인한 판단력 저하를 방지하기 위해 음주 후 수영은 절대 금한다.

(4) 위험 지역 피하기
- 안전 표시 확인: 수영 금지 지역이나 위험 표지가 있는 곳에서는 수영하지 않는다.
- 기상 조건 확인: 악천후나 강한 조류가 있을 때는 물놀이를 자제한다.

결론: 익수 응급처치의 중요성

익수 사고는 발생 순간부터 신속하고 정확한 응급처치가 환자의 회복 가능성과 예후를 결정짓는 중요한 부분이다. 안전요원은 학생들의 안전을 최우선으로 생각하고, 이 지침서를 통해 익수 응급처치에 대한 지식을 습득하여 비상 상황에 대비해야 한다. 이는 누군가의 생명을 구할 수 있다는 믿음을 바탕으로, 이 지식을 실천으로 옮기기를 바란다. 익수 사고에 대한 철저한 준비와 대응은 수학여행의 안전과 성공을 보장하는 중요한 기반이다.

5.9 열사병 및 저체온증 대처

열사병과 저체온증은 몸의 온도 조절 시스템에 심각한 균열이 생긴 상태로, 눈 깜짝할 사이에 위급한 상황으로 번질 수 있다. 태양의 강렬한 열기나 얼어붙을 듯한 추위 속에서, 학생의 몸은 생명을 위협하는 상태에 빠진다. 이 두 가지 모두 신속한 응급처치가 필요하며 증상을 정확히 인식하고 즉각적으로 대처하는 법을 알고 있는 것이 생명을 지키는 열쇠가 된다.

1) 열사병 증상 인식 및 대처법

(1) 열사병(Heatstroke)이란?

열사병은 고온 환경에서 장시간 노출되어 체온 조절 기능이 상실되면서 신체 온도가 급격히 상승하는 응급 상황이다. 이는 신체의 열 발산 능력이 한계를 넘어섰을 때 발생하며, 즉각적인 치료가 없으면 장기 손상이나 사망에 이를 수 있다.

(2) 열사병의 증상

① **고열:** 체온 40°C 이상. 체온이 급격히 상승하여 위험한 수준에 도달한다.

② **중추 신경계 이상**
- 혼란: 판단력 저하, 방향 감각 상실.
- 의식 소실: 실신하거나 혼수 상태에 빠질 수 있다.
- 경련: 근육 경련이나 발작이 나타날 수 있다.

③ **피부 상태**
- 땀이 나지 않으며 피부가 붉거나 건조하고 뜨겁다.
- 홍조: 얼굴이 붉어진다.

④ **심혈관계 이상**
- 심장이 빠르게 뛰며, 초기에는 강하게 느껴질 수 있다.
- 저혈압: 혈압이 떨어져 어지럼증을 느낄 수 있다.
- 호흡기 이상
- 빠른 호흡: 호흡이 빨라지고 얕아진다.
- 기타 증상
- 두통, 구토 및 메스꺼움, 현기증

(3) 열사병의 대처법

예시 상황: 한여름 해변에서의 열사병 사고

수학여행 중 한여름 해변에서 야외 활동을 즐기던 중, 한 학생이 갑작스럽게 열사병 증상을 보이기 시작했다. 학생은 얼굴이 붉게 변하고, 심장이 빠르게 뛰며 어지럼증을 호소했다. 안전요원은 즉시 대응에 나섰다.

① **신속한 환자 이동**
- 그늘진 곳으로 이동: 학생을 즉시 시원한 그늘로 옮긴다.
- 밀폐된 공간은 피하고, 공기가 순환되는 곳을 선택한다.

② **체온 저하 조치**
 - 학생의 옷을 느슨하게 하거나 제거하여 열 발산을 돕는다.
 - 냉각 방법 적용:
- 스펀지나 천에 찬물을 적셔 피부를 닦아준다.
- 아이스팩이나 찬물을 담은 병을 겨드랑이, 목, 사타구니 등에 대어 큰 혈관을 통해 열을 식힌다.
- 부채질이나 선풍기를 사용하여 증발 냉각을 촉진한다.

③ **수분 및 전해질 공급**
 ㉠ 의식이 있는 경우:
- 물 또는 이온 음료를 천천히 마시게 하여 탈수와 전해질 불균형을 개선한다.
- 소량씩 자주 마시게 한다.
 ㉡ 의식이 없는 경우:
- 흡인 위험이 있으므로 입으로 아무것도 제공하지 않는다.

④ **응급 의료 서비스 요청**
- 열사병은 응급 상황이므로 의료진 도움이 필요하다.
- 환자의 상태와 취한 조치를 상세히 전달한다.

⑤ **환자 상태 모니터링**
· 지속적으로 환자의 호흡과 맥박을 관찰한다.
· 환자의 의식 변화에 주의한다.
· 호흡이 없으면 즉시 심폐소생술을 시작한다.

⑥ **추가 조치**
· 구토할 경우 기도를 확보하기 위해 머리를 옆으로 돌린다.
· 해열제나 감기약 등은 효과가 없으므로 투여하지 않는다.

2) 저체온증의 단계별 대처 요령
(1) 저체온증(Hypothermia)이란?
　저체온증은 신체의 중심 체온이 35°C 이하로 떨어지는 상태를 말한다. 이는 추운 환경에 장시간 노출되거나 젖은 옷을 입고 있을 때 발생하며, 체온 저하로 인해 신체 기능이 저하되어 심각한 합병증을 초래할 수 있다.

(2) 저체온증의 단계별 증상과 대처법
① **경미한 저체온증(체온 32~35°C)**
　㉠ 증상
· 떨림: 몸이 떨리며 근육이 긴장한다.
· 피로: 에너지 소모로 인해 피곤함을 느낀다.
· 말이 어눌해짐: 발음이 부정확해진다.
· 손발 저림: 말초 혈액 순환이 감소한다.
　㉡ 대처법

- **보온 조치**
· 젖은 옷은 제거, 건조하고 따뜻한 옷으로 갈아입힌다.
· 전신을 담요나 보온 시트를 사용하여 체온 손실을 막는다.
· 열 손실을 최소화하기 위해 몸을 웅크리게 한다.

- **따뜻한 음료 제공(의식이 명확한 경우)**
· 설탕물, 꿀물 등 열량이 있는 따뜻한 음료를 제공하여 에너지 공급과 체온 상승을 돕는다.
· 알코올과 카페인 음료는 혈관을 확장시켜 체온 손실을 증가시키므로 피한다.

- **따뜻한 장소로 이동**
· 바람을 막을 수 있는 따뜻한 실내로 환자를 옮긴다.
· 히터나 난방 기구를 활용하여 주변 온도를 높인다.

② **중등도 저체온증(체온 28~32°C)**
  ㉠ 증상
· 신체가 더 이상 열을 만들지 못해 떨림이 멈춘다.
· 인지 기능 저하: 혼란스러워하고 질문에 적절히 답하지 못한다.
· 운동 기능 저하: 걸음걸이가 불안정하고 손동작이 서툴러진다.
· 혈액 순환이 저하되어 피부가 창백하고 차갑다.

ⓒ 대처법

- 신속한 보온 조치 강화
· 목, 겨드랑이, 사타구니 등 큰 혈관이 지나는 부위에 온열 팩을 적용한다.
· 가능한 모든 보온 재료를 사용하여 체온을 유지한다.

- 따뜻한 음료 제공 (의식이 있는 경우에만)
· 의식이 명확하지 않다면 섭취를 금지한다.
· 초콜릿 등 고열량 간식을 제공하여 에너지 보충을 돕는다.

- 의료진 호출
· 중등도 저체온증은 전문적인 의료 처치가 필요하다.
· 환자의 상태와 취한 조치를 상세히 알린다.

- 환자 상태 모니터링
· 호흡과 맥박이 느려질 수 있으므로 주의 깊게 관찰한다.
· 갑작스러운 움직임을 최소화한다.

③ **심각한 저체온증(체온 28°C 이하)**

㉠ 증상
· 의식 소실: 반응이 없고 의식을 잃는다.
· 심장 박동 저하: 호흡이 얕고 느려지며, 맥박이 약해진다.
· 동공 반응 저하: 빛에 대한 동공의 반응이 감소한다.
· 피부가 창백하고 차가움: 혈액 순환이 극도로 저하된다.

ⓒ 대처법

- 즉각적인 응급 처치
· 호흡을 주의 깊게 확인한다.
· 호흡이 없으면 심폐소생술을 실시한다.
· AED를 사용하여 필요 시 충격을 가한다.

- 신속한 보온
· 젖은 옷을 조심스럽게 제거한다.
· 가능한 한 빨리 건조한 옷으로 갈아입힌다.

- 적극적인 보온 조치:
· 목, 겨드랑이, 사타구니에 온열 팩을 적용한다.
· 화상을 방지하기 위해 피부에 직접 닿지 않도록 한다.

- 의료진 도착 전 추가 조치
· 심장에 부담을 줄 수 있으므로 최대한 움직이지 않는다.
· 기도를 확보하고 호흡을 지속적으로 관찰한다.
· 가능하다면 산소를 투여한다.

- 응급 의료 서비스 요청
· 심각한 저체온증은 생명을 위협하는 상태이므로 즉시 도움을 요청한다.
· 환자의 체온, 의식 상태, 취한 조치를 상세히 전달한다.

ⓒ 추가적인 주의사항

  - 알코올 섭취 금지

· 혈관 확장 효과: 알코올은 일시적으로 따뜻하게 느껴지지만 체온 손실을 가속화한다.

· 의식 저하 위험: 판단력이 흐려져 대처 능력이 떨어진다.

  - 카페인 음료 피하기

· 카페인은 수분 배출을 촉진하여 탈수를 악화시킬 수 있다.

  - 환자 단독 방치 금지

· 환자의 상태가 급격히 악화될 수 있으므로 항상 주시한다.

  - 전문의 지시 준수

· 응급 처치 후 전문가의 지시에 따라 추가 조치를 취한다.

(3) 예방을 위한 조언

① **열사병 예방**

  ㉠ 수분 섭취

· 갈증을 느끼기 전에 정기적으로 충분한 물을 섭취한다.

· 이온 음료 활용: 전해질 보충을 위해 적절히 섭취한다.

  ㉡ 적절한 복장

가벼운 옷 착용: 통풍이 잘 되는 밝은 색상의 옷을 입는다.

모자와 선글라스 착용: 직사광선을 차단한다.

  ㉢ 활동 시간 조절

낮 12시에서 오후 4시 사이의 야외 활동을 제한한다.

휴식 취하기: 정기적으로 그늘에서 휴식을 취한다.

② **저체온증 예방**

　㉠ 적절한 복장

레이어드 착용: 여러 겹의 옷을 입어 보온성을 높인다.

눈이나 비에 젖지 않도록 방수 소재를 사용한다.

　㉡ 신체 부위 보호

머리와 손의 열손실울 막기 위해 모자와 장갑을 착용한다

발을 건조하고 따뜻하게 유지한다.

　㉢ 에너지 보충

고열량 음식 섭취: 추운 환경에서는 에너지 소모가 크므로 충분한 영양을 섭취한다.

따뜻한 음료 마시기: 체온 유지에 도움이 된다.

결론: 열사병 및 저체온증 응급처치의 중요성

열사병과 저체온증은 발생 순간부터 신속하고 정확한 응급처치가 환자의 회복 가능성과 예후를 결정짓는 중요한 상황이다.

단계별 증상에 따라 적절한 대처법을 숙지하그 처치하는 것이 합병증을 최소화하는 핵심 요소다. 또한, 예방을 위한 안전 수칙을 준수하여 이러한 위험한 상황을 미연에 방지하는 것이 최선의 방법이다.

열사병 및 저체온증의 응급처치는 초기 처치에 그치지 않는다. 체온의 범위와 정도에 따라 환자가 전문적인 의료 서비스를 받을 때까지 안전한 상태를 유지할 수 있도록 도와야 환자의 생존 가능성을 크게 높일 수 있다.

5.10 경련 및 발작 대처

경련과 간질 발작은 마치 뇌 속에서 폭발하는 번개처럼 비정상적인 전기 신호가 순식간에 퍼져나가며 발생하는 갑작스러운 신경계의 충격이다.

그 순간, 주변은 어둡게 흔들리고, 신경은 혼란에 빠지며, 학생의 몸은 통제할 수 없는 움직임에 휘말린다. 이러한 긴박한 순간에 안전요원의 빠르고 정확한 대처가 학생의 생명과 빠른 회복을 좌우한다.

1) 발작 시 안전 확보 및 대처 방법

(1) 주변 환경 정리

예시 상황: 도보 여행 중 발생한 발작 사고

수학여행 중 도보로 이동하던 중, 한 학생이 갑작스럽게 간질발작을 일으킨다. 안전요원은 즉시 주변 환경을 정리하며 학생의 안전을 확보한다.

· 위험 요소 제거: 안전요원은 학생 주변에 있는 돌이나 날카로운 물건 등을 신속하게 치운다. 이는 발작 중 학생이 부딪혀 부상을 입지 않도록 하기 위함이다.
· 주변 사람 통제: 주변에 있던 다른 학생들이 학생에게 몰려들지 않도록 부드럽게 사람들을 분산시키며, 환자에게 충분한 공간을 확보한다.

(2) 환자 보호

- 부드러운 이동: 학생이 위험한 위치에 있었다면, 안전요원은 학생을 조심스럽게 안전한 곳으로 이동시킨다.
- 머리 보호: 발작 중 학생의 머리가 바닥에 부딪히지 않도록 부드러운 물체(접은 옷 등)를 머리 아래에 깐다.
- 옷 느슨하게 풀기: 목 주변의 옷이나 액세서리를 느슨하게 풀어 호흡을 용이하게 한다.

(3) 자세 조정
- 회복 자세: 발작이 끝난 후, 안전요원은 학생을 옆으로 눕혀 기도가 확보되도록 한다. 이는 침이나 구토물이 기도로 들어가는 것을 방지하기 위함이다.
- 움직임 조절: 환자의 움직임을 완전히 억제하지 않고, 부드럽게 지지하여 추가적인 부상을 방지한다.

(4) 호흡 및 의식 확인
- 학생의 호흡이 정상적으로 이루어지는지 관찰한다.
- 발작 후 학생이 의식을 회복하는지 주의 깊게 살핀다.

2) 발작 동안 하지 말아야 할 행동
(1) 강제로 입 열지 않기
- 물건 삽입 금지: 안전요원은 학생의 입에 손가락이나 물건(숟가락, 막대기 등)을 넣지 않는다. 이는 치아 손상이나 기도 폐쇄를 초래할 수 있다.

(2) 음료나 약물 투여 금지

- 섭취 금지: 발작 중 또는 직후에 학생에게 물, 음식, 약물을 주지 않는다. 삼킴 반사가 저하되어 기도로 흡인될 위험이 있기 때문이다.

(3) 과도한 제지 피하기
- 억압 금지: 안전요원은 학생의 움직임을 강제로 억제하지 않는다. 이는 근육이나 뼈에 손상을 줄 수 있기 때문이다.

3) 발작 후 관리
(1) 안정 제공
- 안심시키기: 학생이 의식을 회복하면, 안전요원은 부드러운 목소리로 상황을 설명하고 안심시킨다.
- 휴식 권장: 학생이 충분히 휴식할 수 있도록 편안한 환경을 제공한다.

(2) 관찰
- 증상 모니터링: 학생의 호흡, 맥박, 의식 상태 등을 지속적으로 관찰한다.
- 부상 확인: 발작 중 발생한 부상이 있는지 확인하고, 필요한 경우 응급 처치를 한다.

(3) 의료진 연락
- 지속적인 발작: 발작이 5분 이상 지속되거나, 연속적으로 발생하는 경우 즉시 응급 의료 서비스를 호출한다.
- 의식 미회복: 발작 후에도 학생이 의식을 회복하지 못하면 즉시 의료진에게 연락한다.
- 첫 발작 여부: 학생이 이전에 발작을 경험한 적이 없는 경우, 의료 평가

가 필요하다고 판단하여 즉시 의료진에게 연락한다.

4) 추가적인 고려 사항
(1) 발작 기록
- 발작이 시작되고 종료된 시간을 정확히 기록한다.
- 발작 중 나타난 증상(근육 경련, 의식 상실, 호흡 곤란 등)을 상세히 메모한다.

(2) 주변인에게 알리기
- 안전요원은 주변인이나 가족에게 상황을 알리고, 학생의 의료 정보(알레르기, 복용 약물 등)가 있다면 공유한다.

(3) 예방 조치
- 의료 상담: 발작 후에는 전문 의료진과 상담하여 원인을 파악하고 적절한 치료 계획을 수립한다.
- 안전 계획 수립: 재발을 대비하여 응급상황 시 대처 방법과 연락처를 미리 준비한다.

5) 응급 상황에서의 주의 사항
- 냉정함 유지: 응급 상황에서는 침착함을 유지하여 적절한 대처를 할 수 있도록 한다.
- 전문가 조언 존중: 의료진의 지시에 따라 행동하며, 임의로 약물을 투여하거나 치료하지 않는다.
- 개인 안전 확보: 환자를 돕는 과정에서 자신의 안전도 중요하므로 주변 환경을 잘 살펴야 한다.

결론

경련 및 발작은 누구에게나 발생할 수 있는 응급 상황이며, 신속하고 정확한 대처가 중요하다. 환자의 안전을 최우선으로 생각하며, 위의 지침에 따라 행동하면 부상을 최소화하고 환자의 회복을 도울 수 있다. 응급 상황에서는 무엇보다 침착함을 유지하고, 필요 시 응급의료 서비스를 지체 없이 요청하는 것이 중요하다.

참고: 이 내용은 일반적인 응급처치 지침을 기반으로 작성되었으며, 상황에 따라 적절한 대응이 필요하다. 항상 전문 의료진의 조언을 구하는 것을 권장한다.

5.11 질식 및 기도 폐쇄 대처

수학여행 중에 한 학생이 기도에 이물질이 걸려 질식 위험에 처했다면, 안전요원으로서 신속하고 정확하게 대처해야 한다.

1) 질식 상태 확인

(1) 호흡 및 의식 확인
- 호흡 상태 확인: 학생이 정상적으로 호흡하는지 관찰한다. 호흡이 없거나 어려움을 겪는 경우 기도 폐쇄를 의심한다.
- 의식 상태 확인: 학생이 의식이 있는지 확인한다. 의식이 있으면 눈을 뜨거나 반응을 보일 것이다.

(2) 기침 여부 확인
- 학생이 스스로 기침을 할 수 있는지 확인한다.
- 기침 가능: 부분 기도 폐쇄로, 스스로 이물질을 제거할 수 있으므로 기침을 계속하도록 격려한다.
- 기침 불가능: 완전 기도 폐쇄로, 즉각적인 응급처치가 필요하다.

(3) 기도 폐쇄 증상 판단

① **부분 기도 폐쇄 증상:**
- 호흡은 가능하지만 어려움이 있다.
- 기침이 가능하며, 말할 수 있다.

② **완전 기도 폐쇄 증상:**
- · 호흡 및 기침이 불가능하다.
- · 말할 수 없으며, 파란색 또는 어두운 얼굴색을 보인다.
- · 손으로 목을 감싸는 동작(질식 신호)을 보인다.

2) 하임리히법(Heimlich Maneuver) 수행 절차

하임리히법(Heimlich Maneuver)은 기도를 막고 있는 이물질을 제거하여 환자가 정상적으로 호흡할 수 있도록 도와주는 응급처치 방법이다.

(1) 성인 및 소아 대상

① **학생 뒤에 위치하기:**
- · 학생 뒤에서 한 발을 앞으로 내밀고 학생 두 가랑이 사이로 넣어 안정적인 자세를 취한다.

② **손 위치 설정:**
- · 한 손의 엄지손가락을 네 개의 손가락으로 말아 주먹을 쥔다. 말아 쥔 주먹의 엄지손가락 위 평평한 부분을 학생의 배꼽 바로 위, 명치 아래에 위치시킨다.
- · 반대 손으로 주먹(새끼손가락 쪽 손날)을 감싸 단단히 잡는다.

③ **복부 압박 수행:**
- · 빠르고 강하게 위쪽으로 밀어 올리듯이 압박한다.
- · 이 동작을 이물질이 제거될 때까지 반복한다.

④ 이물질 제거 확인:
- 압박 후 학생이 기침을 하거나 말할 수 있는지 확인한다.
- 이물질이 나오면 즉시 압박을 중단하고 학생의 상태를 관찰한다.

(2) 의식이 없는 학생의 경우
① 학생을 바닥에 눕히기:
- 딱딱하고 평평한 표면에 학생을 등을 대고 눕힌다.

② 기도 확보:
- 머리 기울이기-턱 들어올리기 방법으로 기도를 열어준다.

③ 이물질 확인 및 제거:
- 입안에 보이는 이물질이 있으면 조심스럽게 제거한다.

④ 심폐소생술(CPR) 실시:
- 호흡이 없으면 즉시 CPR을 시작한다.
- 인공호흡 시 가슴이 올라가지 않으면 다시 기도 폐쇄를 의심하고 이물질 제거를 시도한다.

3) 하임리히법 수행 시 주의사항
(1) 과도한 힘 사용 자제
① 내부 장기 손상 예방:
- 지나친 힘은 내부 장기를 손상시킬 수 있다.

② **압박 강도 조절:**
- 학생의 체격과 상태에 맞게 힘을 조절한다.

(2) 환자의 상태에 따른 조절

① **임산부 및 비만인 경우:**
- 복부 대신 흉골 중앙부를 압박한다.

② **어린이의 경우:**
- 성인과 동일한 위치에서 더 부드럽게 압박한다.

(3) 의식이 없는 학생 대상

① **의식이 없는 학생:**
- 하임리히법 대신 심폐소생술(CPR)을 우선적으로 실시한다.
- 즉시 응급의료 서비스(119)를 호출한다.

4) 영아 기도 폐쇄 대처법

(1) 영아(1세 미만) 기도 폐쇄 대처법

※ 주의: 영아에게 성인용 하임리히법을 적용하면 안 된다.

① **등 두드리기(Back Blows):**

㉠ 자세 조정:
- 영아를 안전요원의 한 팔 위에 엎드리게 하여 머리가 몸보다 낮게 한다.
- 이때 손으로 영아의 아래턱과 목을 지지한다.

㉡ 등 두드리기 수행:
- 견갑골 사이를 손바닥 밑 손꿈치 부분으로 5회 단호하게 두드린다.

② **가슴 압박(Chest Thrusts):**
  ㉠ 자세 조정:
  · 영아를 안전요원의 반대편 팔 위에 등으로 눕히고, 머리가 몸보다 낮게 유지한다.
  · 손으로 머리 뒤통수 아랫부분과 목을 지지한다.
  ㉡ 압박 위치:
  · 양쪽 젖꼭지 사이의 가슴 중앙 직하부에 두 손가락을 놓는다.
  ㉢ 압박 수행:
  · 약 4cm 깊이로 5회 압박한다.

③ **이물질 확인 및 제거:**
  · 입안에 이물질이 보이면 조심스럽게 제거한다.
  · 보이지 않으면 손가락을 입에 넣지 않는다.

④ **반복 수행:**
  · 등 두드리기와 가슴 압박을 번갈아 가며 이물질이 제거되거나 응급의료진이 도착할 때까지 반복한다.

⑤ **응급의료 서비스 호출:**
  · 즉시 119에 연락하여 도움을 요청한다.

5) 추가적인 대처 및 예방 조치
(1) 응급의료 서비스 요청

① **즉각적인 연락:**
- 기도 폐쇄가 의심되면 지체 없이 119에 연락한다.
- 상황과 학생의 상태를 정확히 전달한다.

(2) 학생 안심시키기

① **심리적 지원:**
- 학생에게 곧 도움을 줄 것이라고 안심시킨다.
- 침착하고 확신 있는 태도로 응급처치를 시행한다.

(3) 예방 조치

① **식사 시 주의:**
- 음식은 작게 잘라 천천히 씹어 먹도록 지도한다.
- 알코올 섭취 후에는 기도 폐쇄 위험이 높아지므로 주의한다.

② **어린이 안전 관리:**
- 작은 물체를 입에 넣지 않도록 장난감 선택에 주의한다.
- 음식물 섭취 시 감독이 필요하다.

③ **응급처치 교육 참여:**
- 가족 구성원들과 함께 응급처치 및 심폐소생술 교육을 받는다.
- 정기적인 교육으로 위급 상황에 대비한다.

이러한 절차를 따르면 수학여행 중 발생할 수 있는 기도 폐쇄 상황에서 학생의 안전을 지킬 수 있다. 항상 침착함을 유지하고 신속하게 행동하는 것이 중요하다.

결론

기도 폐쇄는 즉각적인 대처가 필요한 응급 상황이다. 하임리히법은 올바르게 사용하면 환자의 생명을 구할 수 있는 효과적인 방법이다.

그러나 잘못된 적용은 추가적인 부상을 초래할 수 있으므로, 정확한 절차와 주의사항을 숙지하는 것이 중요하다. 응급상황에서는 무엇보다 신속하고 침착한 대응이 필요하며, 필요 시 응급의료 서비스를 지체 없이 요청해야 한다.

이러한 절차를 따르면 수학여행 중 발생할 수 있는 기도 폐쇄 상황에서 학생의 안전을 지킬 수 있다. 항상 **침착함을 유지하고 신속하게 행동**하는 것이 중요하다.

5.12 중독 및 약물 과다 복용 대처

중독과 약물 과다 복용은 신체에 심각한 해를 끼칠 수 있는 응급 상황으로, 신속하고 정확한 대처가 필요하다. 다음은 독성 물질 섭취 및 약물 과다 복용 시의 대처법에 대한 상세한 지침이다.

1) 독성 물질 섭취 시 대처법

(1) 독성 물질 식별

① **포장 확인**
- 제품 정보 확인: 환자가 섭취한 물질의 포장지, 라벨, 사용 설명서를 확인하여 물질의 이름, 성분, 농도 등을 파악한다.
- 위험 표시 확인: 해골 마크, 화학 기호 등 위험을 나타내는 표지가 있는지 확인한다.

② **증상 관찰**
- 일반 증상: 구토, 복통, 설사, 어지러움, 두통 등.
- 심각 증상: 호흡 곤란, 의식 저하, 발작, 피부 발진, 입 주변의 화상 등은 긴급한 상황을 나타낸다.

(2) 즉각적인 응급처치

① **안전 확보**
- 현장 안전 확인: 가스 누출, 화학 물질 유출 등으로부터 구조자와 환자의 안전을 확보한다.
- 환자 이동: 위험한 장소에 있으면 신선한 공기가 있는 곳으로 환자를 이동시킨다.

② **환자 상태 평가**
- 의식 확인: 환자의 의식을 확인한다.
- 호흡 확인: 호흡이 정상적으로 이루어지는지 관찰한다.

③ **노출 경로에 따른 응급처치**

㉠ 흡입한 경우:
- 기도 확보: 환자를 편안한 자세로 눕히고 기도를 확보한다.
- 신선한 공기 공급: 창문을 열어 환기가 잘 되도록 한다.
- 필요 시 인공호흡: 호흡이 없으면 심폐소생술을 실시한다.

㉡ 피부 접촉 시:
- 오염 제거: 오염된 의복을 제거한다.
- 흐르는 물과 비누로 최소 15분 이상 피부를 씻어낸다.

㉢ 눈 접촉 시:
- 흐르는 물이나 생리식염수로 최소 15분 이상 씻어낸다.
- 렌즈를 착용 중이면 제거하고 세척을 계속한다.

㉣ 섭취한 경우:

- 깨끗한 물로 입안을 헹군다.
- 의식이 있고 삼킴에 문제가 없을 때 물을 소량 마시게 한다.
- 산, 알칼리 물질 섭취 시에는 물이나 우유를 주지 않는다.
- 임의로 구토를 유도하지 않는다.

(3) 의료진 호출

① **즉시 연락**
- 응급의료 서비스(119)에 즉시 연락하여 상황을 알린다.
- 독성물질 중독관리센터에 연락하여 추가 지침을 받는다.

② **독성 물질 정보 제공**

㉠ 물질 정보 제공:
- 섭취한 물질의 이름, 성분, 농도, 섭취량, 섭취 시간 등을 정확히 전달한다.

㉡ 포장지 보관:
- 의료진에게 보여줄 수 있도록 섭취한 물질의 포장지를 보관한다.

③ **의료진 지시 따르기**
- 의료진이 지시하는 추가 응급처치를 신속히 수행한다.
- 해독제 필요 여부를 확인한다.

2) 약물 과다 복용 시 대처법

(1) 상황 파악

① 약물 종류 확인
- 처방약, 비처방약, 불법 약물 등 어떤 약물을 얼마나 복용했는지 확인한다.
- 약물의 포장지나 처방전을 확보하여 정확한 정보를 파악한다.

② 증상 관찰
- 일반 증상: 어지러움, 구토, 혼란, 졸음 등이 나타날 수 있다.
- 심각 증상: 호흡곤란, 발작, 의식소실, 심장박동 이상 등이 발생할 수 있다.

(2) 즉각적인 응급처치
① 안전 확보 및 환자 안심시키기
- 환경 안전 확인: 주변에 위험 요소가 없는지 확인한다.
- 환자 안심시키기: 침착한 목소리로 환자를 진정시킨다.

② 환자 상태 평가
- 의식 확인: 환자가 응답하는지 확인한다.
- 호흡 확인: 호흡 상태를 체크한다.

③ 응급처치 수행
㉠ 의식이 있는 경우:
- 편안한 자세로 눕히고 움직이지 않도록 한다.
- 구토물이 기도로 들어가지 않도록 옆으로 눕힌다.

ⓒ 의식이 없는 경우:
- 머리를 뒤로 젖히고 턱을 들어 올려 기도를 확보한다.
- 호흡이 없으면 즉시 CPR을 시작한다.

(3) 의료진 호출

① **즉시 연락**
- 응급의료 서비스(119)에 즉시 연락하여 상황을 알린다.

② **약물 정보 제공**
㉠ 복용한 약물 정보:
- 약물의 이름, 복용량, 복용 시간 등을 정확히 전달한다.
㉡ 포장지 및 처방전 보관:
- 의료진에게 약물의 포장지나 처방전을 보여준다.

③ **의료진 지시 따르기**
- 의료진의 지시에 따라 필요한 조치를 수행한다.
- 해독제나 기타 처치가 필요한지 확인한다.

3) 추가적인 주의사항 및 예방 조치

(1) 구토 유도에 대한 주의

① **전문가 지시 없이 구토 유도 금지:**
- 식도 손상이나 흡인성 폐렴을 일으킬 수 있다.

② **특정 물질 섭취 시 위험 증가:**

· 산, 알칼리, 석유 제품 등은 구토 시 더욱 위험하므로 절대 구토를 유도하지 않는다.

(2) 환자 관찰 및 기록
① **호흡, 맥박 증상 변화 모니터링**
② **정보기록하여 의료진에게 전달한다.**

(3) 예방 조치
① **약물 및 화학물질 관리**
　㉠ 안전한 보관:
　· 약물과 화학물질은 어린이의 손이 닿지 않는 곳에 보관한다.
　㉡ 라벨 확인 및 사용:
　· 사용 전에 항상 라벨을 확인하고 지시에 따라 사용한다.

② **교육 및 인식 제고**
　㉠ 응급처치 교육 참여:
　· 정기적으로 응급처치 교육을 받아 위급 상황에 대비한다.
　㉡ 위험 물질에 대한 인식 강화:
　· 가족과 함께 독성 물질의 위험성에 대해 교육한다.

(4) 전문 의료인의 중요성
① **전문가의 지시 우선:**
　· 응급 상황에서는 항상 전문 의료인의 조언과 지시를 따른다.

② **응급처치는 보조 수단:**
- 응급처치는 의료인이 도착하기 전까지의 보조적인 수단이며, 전문적인 치료가 필요하다.

결론

중독 및 약물 과다 복용은 신속한 대처가 필요한 위급한 상황이다. 정확한 정보 파악과 즉각적인 응급처치를 통해 환자의 상태를 안정시키는 것이 중요하다. 무엇보다 전문 의료인의 지시에 따르고, 응급의료 서비스를 즉시 호출하여 적절한 치료를 받을 수 있도록 해야 한다.

참고: 서울시독성물질중독관리센터

5.13 벌레 물림 및 동물 공격 대처

벌레 물림과 동물 공격은 즉각적인 응급처치가 필요한 상황으로, 신속하고 정확한 대처가 피해자의 회복과 합병증 예방에 큰 영향을 미친다.

1) 벌레 물림 및 독사 물림 응급처치
(1) 벌레 물림 대처법
① **상처 청결 유지**
- 물과 비누로 씻기: 물린 부위를 깨끗한 물과 비누로 부드럽게 씻었다. 이는 벌레의 침이나 독소를 제거하여 감염을 예방하는 데 도움이 된다.

② **냉찜질**
- 얼음 사용: 깨끗한 수건에 얼음을 감싸 물린 부위에 댄다. 냉찜질은 부기와 통증을 줄이고 염증 반응을 완화시킨다.
※주의: 얼음을 직접 피부에 대지 않도록 주의하여 동상을 방지한다.

③ **알레르기 반응 모니터링**
- 증상 관찰: 부종, 두드러기, 호흡 곤란, 어지럼증 등의 알레르기 증상을 관찰한다.

- 의료진 호출: 이러한 증상이 나타나면 즉시 119에 연락하여 의료진의 도움을 받는다.

④ **의료용 크림 또는 약물 사용**
- 항히스타민제: 가려움이나 부종이 심할 경우 항히스타민 크림이나 약물을 사용한다.
- 의사 또는 약사 상담: 약물 사용 전에 전문 의료인의 지시에 따른다.

(2) 독사 물림 대처법
① **안정화**
- 움직임 최소화: 환자를 편안하고 안정된 자세로 움직임을 최소화한다. 이는 독의 확산을 늦추는 데 도움이 된다.

② **독물 확산 방지**
- 물린 부위 위치: 물린 부위를 심장보다 낮게 유지한다.
- 천이나 붕대 사용: 천이나 붕대로 물린 부위 위쪽을 부드럽게 감아 독의 확산을 지연시킨다.
※주의: 지혈대처럼 꽉 조이지 않도록 주의한다.

③ **재노출 방지**
- 안전한 장소 이동: 독사가 아직 주변에 있을 수 있으므로 조심스럽게 안전한 장소로 이동한다.
- 독사 정보 수집: 가능하면 독사의 특징을 기억하거나 사진을 찍어 의료

진에게 전달한다.

※주의: 독사를 잡거나 위험한 행동은 하지 않는다.

④ 응급처치 호출
- 즉시 연락: 119에 연락하여 독사 물림 상황을 알리고 전문적인 의료 도움을 요청한다.

⑤ 금지 사항
- 상처 절개 및 흡입 금지: 상처를 절개하거나 입으로 독을 빨아내는 행위를 하지 않는다.
- 온열 또는 냉찜질 금지: 얼음이나 뜨거운 물질을 상처 부위에 직접 대지 않는다.
- 지혈대 사용 금지: 지혈대를 사용하여 혈액 순환을 차단하지 않는다.
- 음식물 섭취 금지: 카페인이나 알코올 섭취를 피하고, 음식물 섭취를 자제한다.

2) 동물 공격으로 인한 부상 관리법
(1) 동물 공격 대처법
① 상처 확인 및 지혈
- 출혈 여부 확인: 부상의 심각성을 판단하기 위해 상처를 확인한다.
- 지혈 방법: 깨끗한 거즈나 천으로 상처 부위를 직접 압박한다.

② **상처 청결 유지**
- 물과 비누로 세척: 상처 부위를 깨끗한 물과 비누로 충분히 씻어 세균 감염을 예방한다.

③ **의료진 호출**
- 즉시 연락: 119에 연락하여 의료진의 도움을 요청한다.
- 동물 정보 제공: 공격한 동물의 종류, 크기, 공격 상황 등을 의료진에게 상세히 전달한다.
- 특히 야생 동물이나 미상의 동물에 의한 공격일 경우 광견병 등의 질병 위험이 있으므로 신속한 조치를 취한다.

④ **백신 접종 확인**
- 동물의 예방 접종 기록 확인: 공격한 동물이 애완동물이라면, 해당 동물의 광견병 및 기타 예방 접종 기록을 확인하여 의료진에게 전달한다.

(2) 심각한 부상 대처법

① **심각한 대출혈**
- 지혈대 사용: 출혈이 멈추지 않을 경우, 최후의 수단으로 사용한다.
- 사용 방법: 지혈대를 상처 부위보다 위쪽에 감고, 사용 시작 시간을 기록한다.
- 주의: 너무 꽉 조이지 않고 20분마다 지혈대를 일시적으로 풀어 혈액 순환을 확인한다.

② 뼈 골절 및 탈구
- 부상 부위 고정: 부상 부위를 움직이지 않도록 부목이나 딱딱한 물체로 고정한다.
- 냉찜질: 부기와 통증을 줄이기 위해 냉찜질을 실시한다.

③ 감염 예방
- 항생제 필요성: 동물의 입에는 다양한 세균이 있으므로, 의료진의 판단에 따라 항생제 치료를 한다.
- 의료 지시 준수: 의료진의 지시에 따라 적절한 약물을 투여받고, 처방된 약을 정해진 시간에 복용한다.

3) 추가적인 주의 사항
(1) 피해자 예방 접종 확인
- 파상풍 예방 접종 여부 확인: 피해자의 파상풍 예방 접종 기록을 확인하고, 필요 시 추가 접종을 받게 한다.

(2) 정신적 안정 제공
- 심리적 지원: 동물 공격은 정신적인 충격을 줄 수 있으므로, 피해자를 안정시키고 편안한 환경을 제공한다.
- 대화 유도: 부드러운 목소리로 대화하여 불안을 줄여준다.

(3) 사고 보고
- 관련 기관에 보고: 해당 사건을 보건소나 경찰서에 보고하여 추가적인

위험을 예방한다.
- 지역 사회 안전 강화: 동물 관리 당국이 적절한 조치를 취할 수 있도록 협조한다.

(4) 예방 조치
- 야외 활동 시 주의: 벌레나 뱀이 많은 지역에서는 긴 옷과 신발을 착용한다.
- 동물 접근 금지: 야생 동물이나 미지의 동물에게 접근하거나 먹이를 주지 않는다.
- 반려동물 관리: 애완동물을 산책시킬 때는 목줄을 사용하고, 다른 동물과의 접촉에 주의한다.

결론

벌레 물림 및 동물 공격에 대한 신속하고 정확한 응급처치는 환자의 회복과 합병증 예방에 필수적이다. 상황에 맞는 적절한 대처법을 숙지하고, 응급 상황에서 이를 적용할 수 있도록 준비하는 것이 필요하다. 침착함을 유지하고, 신속하게 행동하며, 전문 의료진의 지시를 따라야 환자의 안전을 지키고 생명을 구할 수 있다.

5.14 응급상황 기록 및 보고

응급상황에서의 정확한 기록은 환자의 후속 치료와 법적 보호에 있어서 매우 중요한 역할을 한다. 이는 의료진에게 정확한 정보를 제공하여 효과적인 치료를 가능하게 하고, 응급처치 과정에서 발생한 상황을 명확히 함으로써 법적 분쟁을 예방할 수 있다.

1) 응급처치 후 증상 및 조치 기록 방법
(1) 기록의 중요성
① 의료진 정보 제공
  · 정확한 정보 전달: 환자의 상태와 응급처치 과정을 상세히 기록하여 의료진에게 제공했다. 이는 신속하고 적절한 의료 조치를 취하는 데 필수적이다.

② 법적 증거
  · 법적 보호: 응급처치 과정에서 발생한 사건과 조치를 문서화하여 법적 증거로 활용할 수 있다. 이는 응급처치자가 적절한 절차를 따랐음을 증명하는 데 도움이 된다.

③ 향후 개선
- 대응 능력 향상: 기록된 내용을 바탕으로 응급처치 과정에서의 문제점을 분석하여 향후 대처 방안을 개선할 수 있다.

(2) 기록 내용
① 환자의 기본 정보
- 개인 정보: 환자의 이름, 나이, 성별, 연락처 등을 기록한다.

② 응급상황 발생 시간 및 장소
- 시간: 응급상황이 발생한 정확한 날짜와 시간을 기록한다.
- 장소: 응급상황이 발생한 구체적인 장소를 명시한다.

③ 응급처치 과정
- 실시한 응급처치: 어떤 응급처치를 어떤 순서로 실시했는지 상세히 기록한다.
- 예: 심폐소생술(CPR) 실시, 자동심장충격기(AED) 사용, 기도 확보 등
- 사용한 장비 및 약물: 사용한 장비(AED 등)와 약물(에피펜 등)의 종류 및 사용 시간을 기록한다.

④ 환자의 상태 변화
- 응급처치 전후 상태: 의식 수준, 호흡 상태, 맥박, 혈압, 피부색 등의 변화를 상세히 기록한다.

⑤ 의료진 호출 정보
- 연락 시간: 119에 연락한 정확한 시간을 기록한다.
- 도착 시간: 의료진이나 구급대가 현장에 도착한 시간을 기록한다.
- 의료진에게 전달한 정보: 전달한 내용과 의료진의 지시 사항을 기록한다.

2) 의료진 및 보호자에게 상황 보고 요령

응급처치 후에는 의료진과 보호자에게 정확하고 명확한 상황 보고가 필요하다. 이는 환자의 지속적인 치료와 보호자의 안심에 중요한 것이다.

(1) 의료진에게 보고

① 명확한 정보 제공
- 환자의 현재 상태: 의식 수준, 호흡, 맥박, 혈압 등의 생체 징후를 전달한다.
- 실시한 응급처치 내용: 어떤 응급처치를 어떤 순서로 실시했는지 상세히 설명한다.
- 사용한 장비 및 약물: AED, 에피펜 등의 사용 여부와 사용 시간, 용량 등을 정확히 전달한다.

② 문제점 보고
- 응급처치 중 발생한 문제점: 기도 확보의 어려움, 출혈 통제의 어려움 등 발생한 문제를 보고한다.
- 추가 필요한 조치 사항: 의료진이 도착하기 전에 추가로 필요한 조치나 주의사항을 전달한다.

③ **응급상황 후 환자의 상태**
- 상태 변화 보고: 응급처치 후 환자 상태가 어떻게 변화했는지 상세히 설명한다.

(2) 보호자에게 보고
① **차분한 설명**
- 안정된 태도 유지: 보호자에게 상황을 차분하게 설명하여 불안감을 줄인다.

② **진행된 응급처치 내용**
- 실시한 조치 설명: 어떤 응급처치를 했고, 현재 환자 상태가 어떤지 전달한다.

③ **향후 조치 안내**
- 치료 계획 안내: 앞으로 필요한 의료 조치나 병원 이송 여부 등을 설명한다.
- 주의사항 전달: 환자에게 필요한 특별한 주의사항이나 관리 방법을 안내한다.

④ **심리적 지지 제공**
- 안심시키기: 보호자가 당황하지 않도록 심리적인 지지를 제공한다.
- 협조 요청: 보호자의 도움이 필요한 경우 구체적으로 요청한다.

3) 추가적인 주의사항
(1) 기록의 정확성 유지
- 사실 기반 기록: 모든 내용은 사실에 근거하여 작성하며, 추측이나 의견은 피한다.
- 시간 순서대로 기록: 사건이 발생한 순서대로 기록하여 이해를 돕도록

한다.

(2) 개인 정보 보호
· 비밀 유지: 환자의 개인 정보와 의료 정보를 보호하며, 관련된 사람들 외에는 공유하지 않는다.

(3) 기록의 보관
· 안전한 장소에 보관: 작성된 기록은 분실, 유출되지 않도록 안전하게 보관한다.
· 의료진에게 전달: 필요 시 해당 기록을 의료진에게 전달하여 치료에 활용할 수 있도록 한다.

(4) 법적 준수
· 법규 확인: 응급상황 기록 및 보고와 관련된 법적 요구사항을 확인하고 준수한다.
· 보고 의무 이행: 필요한 경우 관련 기관에 응급상황을 보고한다.

결론
응급상황에서의 정확한 기록과 보고는 환자의 안전과 효과적인 치료에 필수적이었다. 응급처치자는 이러한 역할을 수행함으로써 환자의 회복과 보호자의 안심에 큰 기여를 할 수 있었다. 항상 정확성, 신속성, 윤리성을 준수하여 기록하고 보고하는 것이 중요하다.

6장
사고 예방과 안전관리

사고를 예방하는 것은 안전요원의 가장 중요한 역할 중 하나이다. 사전 점검을 통해 위험 요소를 식별하고, 이동 및 활동 중 적절한 안전 관리를 통해 사고를 미연에 방지해야 한다. 또한, 비상 상황이 발생했을 때 바르게 대피시키고 이를 적절히 보고하는 절차를 익히는 것도 필수적이다. 이 장에서는 사고를 예방하기 위한 구체적인 관리 방법과 점검 사항을 학습하며, 비상 상황 대응 능력을 강화한다.

6.1 수학여행 전 점검 사항

수학여행은 학생들에게 잊지 못할 추억을 선사하지만, 안전을 위한 철저한 준비가 뒷받침되지 않으면 위험 요소가 될 수 있다. 주간 안전요원과 야간 안전요원의 역할을 명확히 구분하고, 각 상황에 맞는 사전 점검을 수행하는 것이 필수적이다.

1) 주간 안전요원 점검
(1) 출발 전 차량 안전 점검
　이동 중 발생할 수 있는 사고를 예방하는 가장 기본적이고 중요한 과정이다. 안전요원은 세부적인 점검을 통해 학생들의 안전을 더욱 철저히 보장할 수 있다.

① 소화기 확인
　· 위치 확인: 정해진 장소에 비치되어 있는지 확인한다.
　· 유효기간 점검: 유효기간이 만료되지 않았는지 확인한다.
　· 압력 게이지 확인: 바늘이 정상 범위에 있는지 확인한다.
　· 사용 가능 여부: 손상이나 누출이 없는지 점검한다.

② **비상망치 확인**
- 위치 확인: 지정된 위치에 비치되어 있는지 확인한다.
- 손상 여부: 균열, 파손 등 이상이 없는지 확인한다.

③ **비상개폐장치 확인**
- 위치 확인: 비상문 및 비상개폐장치의 위치를 확인한다.
- 사용법 숙지: 필요 시 학생들에게 간단히 안내한다.

④ **안전벨트 점검**
- 좌석별 점검: 모든 좌석에 안전벨트 작동 여부를 확인한다.
- 손상 여부 확인: 찢김, 마모 등의 손상이 없는지 점검한다.

"출발 전 차량 점검은 불의의 사고를 막는 지름길이다."

(2) 활동 장소와 이동 경로 점검

① **시설 안전 확인:** 활동 장소의 안전성을 점검하고, 위험 요소가 있는지 확인한다.

② **비상 대피로 확인:** 비상 시 이용 가능한 경로와 시설 위치를 미리 파악한다.

③ **교통수단 안전 점검:** 차량의 정비 상태, 운전기사의 건강 상태 등을 확인한다.

(3) 응급 상황 대비

① **응급키트 준비:** 응급상황을 대비해 응급키트를 점검하고, 부족한 물

품을 채운다.

② **비상 연락망 구축:** 교사, 학부모, 의료기관 등과의 비상 연락 체계를 마련한다.

③ **학생 건강 정보 파악:** 알레르기, 지병 등 학생 개개인의 건강 상태를 확인해 대응 계획을 수립한다.

(4) 안전 교육

① **안전 수칙 교육:** 학생들에게 비상 상황에서의 행동 요령과 위험 요소를 설명한다.

② **장비 사용법 안내:** 구명조끼, 헬멧 등 안전 장비의 올바른 사용법을 교육한다.

(5) 날씨 및 환경 변화 대비

① **기상 예보 모니터링:** 날씨 변화에 따라 일정을 조정, 준비물을 추가로 준비한다.

② **복장 및 장비:** 날씨와 활동에 맞는 복장을 준비하고 장비를 점검한다.

(6) 학생 인원 관리

① **인원 점검:** 이동 전후로 인원 체크를 철저히 한다.

② **소그룹 편성:** 체계적인 관리를 위해 소그룹으로 나눈다.

2) 야간 안전요원 점검

(1) 숙소 안전 점검

① 비상구 및 대피로 확인
- 비상구가 장애물 없이 열리는지 확인.
- 대피로가 확보되어 있는지 점검.
- 비상구 안내 표지판이 명확히 보이는지 확인.
- 비상구 및 대피 경로의 조명 상태를 점검.

② 화재 안전시설 점검
- 소화기: 위치, 외관, 압력 게이지 상태를 확인.
- 화재 경보 장치: 설치 상태와 전원 표시등 확인.
- 스프링클러: 외관 손상 여부 확인.

③ 출입 보안 점검
- 숙소 로비와 주요 출입구의 보안 상태 확인.
- 외부인의 출입 통제 절차가 원활히 운영되는지 점검.

④ 공용 구역 점검
- 복도, 계단, 로비에 장애물이나 위험 요소가 없는지 점검.
- 난간, 손잡이 등이 파손되거나 흔들리지 않는지 확인.
- 바닥이 미끄럽거나 젖어 있지 않은지 점검하여 사고 예방.

(2) 학생 안전 관리

① **인원 점검**
  · 점호 시 교사를 도와 이상 여부를 체크.

② **야간 순찰**
  · 주변을 순찰하며 이상 징후나 위험 요소를 사전에 발견.

③ **응급 상황 대비**
  · 야간에 발생할 수 있는 비상 상황(응급환자 발생, 화재 등)에 대비한 준비 태세 유지.

(3) 야간 행동 및 소란 관리

① **소음 및 소란 행위 지도**
  · 늦은 시간까지 이어지는 소음과 소란 행위를 지도.
  · 학생들이 안전하게 휴식을 취할 수 있도록 관리.
  · 방에서 뛰거나 큰 소리를 내는 행동을 지도.

② **학생 이동 관리**
  · 숙소 층간, 객실간 불필요한 이동을 하지 않도록 지도.
  · 복도와 공용 공간 등을 주기적으로 확인하여 안전 유지.

(4) 비상 대응 체계

① **비상 연락망 숙지**

- 야간에도 필요한 연락망(교사, 숙소 관리자, 응급기관)을 숙지하여 긴급 상황에 대비.

② **비상 집결 지점 안내**
- 비상 대피 시 혼란 없이 숙소 측에서 지정한 집결 지점으로 이동할 수 있도록 학생들과 교사에게 사전 안내.

(5) 기타 유의사항
① **학생 개별 건강 상태 확인**
- 알레르기, 만성질환 등 응급 상황 발생 가능성이 높은 학생의 정보를 숙지.

② **학생의 이탈 방지**
- 숙소 이탈 학생이 발생하지 않도록 출입문과 주요 구역을 주기적으로 점검.

결론

학생들의 안전을 지키기 위해서는 주간과 야간의 역할을 명확히 구분하고, 사전 점검을 철저히 수행해야 한다. 주간에는 활동 장소와 이동 과정에서의 안전을 관리하고, 야간에는 숙소 내 안전과 생활 관리를 중심으로 사고를 예방해야 한다.

이러한 안전요원의 책임감 있는 자세와 꼼꼼한 사전 준비는 수학여행을 성공적으로 마무리하고, 학생들에게 즐겁고 안전한 추억을 선사하는 데 필수적이다.

"철저한 점검이 사고 없는 여행의 시작점이다."

6.2 이동 및 활동 중 안전 관리

수학여행의 이동 및 활동 중에는 다양한 위험 요소가 존재한다. 이러한 위험 요소를 효과적으로 관리하기 위해서는 체계적인 안전 관리 방안이 필요하다. 이번 장에서는 차량 내 안전벨트 착용 확인 및 지도, 야외 활동 시 위험 요소 관리에 대한 구체적인 대처 방법을 다룬다.

1) 차량 내 안전벨트 착용 확인 및 지도

(1) 안전벨트 착용 확인

안전벨트 착용은 이동 중 발생할 수 있는 교통사고로부터 학생들을 보호하는 가장 기본적인 안전 수칙이다. 안전벨트 착용의 중요성으로는 생명 보호와 부상 예방, 법적 준수를 들 수 있다.

교통사고 발생 시 안전벨트는 학생들의 생명을 지키는 첫 번째 방어 수단이며, 사고 시 부상의 위험을 줄인다. 또한 안전벨트 착용은 법적으로 의무화되어 있으며, 이를 준수함으로써 법적 책임을 다할 수 있다.

(2) 안전벨트 착용 지도 방법

안전벨트 착용 지도 방법으로는 출발 전 점검을 통해 모든 학생들이 안전벨트를 올바르게 착용했는지 출발 전에 일일이 확인하며, 올바른 착용 방법을 설명하고 잘못된 착용 사례를 바로잡는다.

교사와 안전요원이 먼저 안전벨트를 착용하여 학생들에게 모범을 보이고, 이동 중에도 주기적으로 착용 여부를 확인하며 부적절한 착용 시 즉각적으로 시정 요구와 안전 교육 강화를 실시한다.

2) 야외 활동 시 위험 요소 관리(낙상, 화상, 탈진 등)

야외 활동은 학생들에게 신체적, 정신적 성장을 도모할 수 있는 좋은 기회이지만 동시에 다양한 위험 요소가 존재한다. 이를 효과적으로 관리하기 위해서는 사전에 철저한 준비와 지속적인 감독이 필요하다.

(1) 낙상 예방

낙상 예방을 위해 활동 장소의 지형과 이동 경로의 위험 요소를 파악하고, 미끄럽거나 경사가 심한 구역에는 안전요원이 주의하며 통제한다. 활동에 적합한 신발을 착용하도록 지도하며 균형 잡기 어려운 활동 시 주의사항을 교육하고, 낙상 시 응급처치 방법을 안내한다.

(2) 화상 예방

화상 예방을 위해 학생들이 직접 화기를 다루는 것을 제한하고 필요 시 교사의 감독 하에 진행하며, 불을 사용하는 장소를 지정하고 소화기를 비치한다. 자외선 차단제를 사용하도록 안내하며, 일정 간격으로 덧바르도록 지도한다. 모자와 선글라스 등 햇빛을 차단할 수 있는 용품을 착용하도록 안내한다.

(3) 탈진 예방

탈진 예방을 위해 충분한 휴식과 정기적인 수분 섭취를 권장하며 에너지 보충을 위한 간단한 간식을 준비한다. 학생들의 얼굴색, 땀의 양, 호흡 등을 관찰하여 이상 징후를 확인하고 필요 시 활동 강도와 속도를 조절하며 체온 조절이 용이한 복장을 착용하도록 안내한다.

결론

수학여행 중 이동 및 야외 활동은 학생들에게 소중한 경험을 제공하지만, 철저한 관리와 대비가 없다면 다양한 위험 요소에 노출될 수 있다.

안전벨트 착용 지도를 통해 이동 중 사고를 예방하고,
야외 활동 중 위험 요소 관리로 사고를 최소화하며,
학생 그룹 관리와 분실 방지로 체계적인 안전 관리를 실현해야 한다.

교사와 안전요원의 철저한 관리와 책임감 있는 자세가 학생들에게 안전하고 의미 있는 수학여행을 선사할 수 있다.
"안전은 사고를 예방하는 작은 습관에서 시작된다."

6.3 비상 대피 및 보고 절차

　비상 대피 및 보고 절차는 사고 발생 시 학생들의 안전을 신속히 확보하고 효과적으로 대응하기 위한 핵심 요소이다. 체계적인 대피 계획과 정확한 보고 절차는 사고 피해를 최소화하고 신속한 대응을 가능하게 한다.

1) 사고 발생 시 비상 대피 경로와 집합 요령
　비상 대피는 사고 발생 시 학생들과 교사들이 신속하고 질서 있게 안전한 장소로 이동할 수 있도록 하는 중요한 절차다.

(1) 비상 대피 경로 설정
- 사전 설계: 최적의 대피 경로를 사전에 설계하고 학생과 교사에게 안내한다.
- 장애물 점검: 대피 경로가 개방되어 있고 장애물이 없는지 사전 점검한다.
- 비상구 표시: 비상구 위치를 명확히 표시하고 접근 가능성을 유지한다.

(2) 집합 요령
- 안전한 장소 지정: 대피 후 학생들이 모일 안전한 장소를 사전에 지정한다.
- 시간 준수: 대피 후 정해진 시간 내에 집합 장소에 도착하도록 관리한다.
- 인원 점검: 집합 장소에서 모든 학생의 인원을 점검하고, 부상자나 응급 처치가 필요한 학생이 있는지 상태를 확인한다.

(3) 대피 절차
- 침착한 지시: 사고 발생 시 교사와 안전요원은 침착하게 학생들을 안심시키며 대피 절차를 지시한다.
- 질서 유지: 지정된 순서에 따라 질서를 유지하면서 이동을 유도한다.
- 지속적인 감독: 이동 중 학생들의 안전을 지속적으로 감독하며 위험 구간에서는 추가적인 주의를 기울인다.

2) 사고 보고서 작성 및 관계 기관 보고 절차

사고 보고서는 이후의 대응과 예방 조치를 위한 중요한 자료로 활용된다. 관계 기관에 정확하고 신속히 보고함으로써 사고 피해를 최소화하고 재발 방지를 위한 근거로 삼는다.

(1) 사고 보고서 작성

디스탑안전교육의 응급상황발생보고서 양식을 활용, 사고를 체계적으로 기록한다.
- 기본 정보: 사고 발생시간, 장소, 관련 인원 등의 기본 정보를 명확히 기록.
- 사고 원인 및 경위: 사고의 원인, 경위, 피해 상황을 구체적으로 기술.
- 응급처치 기록: 실시한 응급처치와 피해자의 상태 변화를 지속적으로 기록.
- 자료 확보: 현장의 사진, 영상, 목격자의 진술을 확보하며 관련 자료를 보존.

(2) 관계 기관 보고 절차
- 즉각 보고: 사고 발생 즉시 학교 관리자와 회사 대표에게 보고하며, 필

요한 경우 대책 회의를 소집한다.
- 교육청 보고: 사고의 규모와 유형에 따라 관할 교육청에 공식 보고서를 제출하며, 지침에 따라 추가 자료를 제공한다.
- 법적 신고: 중대한 사고인 경우 경찰서나 소방서에 신고하며, 부상자가 발생하면 보건소나 의료기관에 연락해 지원을 요청한다.

(3) 보고 시 유의 사항
- 정확성: 모든 보고 내용은 사실에 근거하여 작성하며, 사고의 규모나 내용을 과장하거나 축소하지 않는다.
- 신속성: 사고 발생 후 가능한 한 빨리 보고 절차를 진행한다.
- 개인정보 보호: 학생들의 개인정보와 민감한 정보를 철저히 보호한다.
- 조사 협조: 관계 기관의 조사에 협조하며 추가 요청에 적극적으로 응한다.

결론

비상 대피 및 보고 절차는 수학여행의 안전 관리를 위한 필수적인 과정이다. 체계적인 대피 경로와 질서 있는 집합 요령은 사고 발생 시 학생들의 안전을 최우선으로 확보하며, 사고 보고서를 통해 정확한 정보를 제공함으로써 효과적인 후속 조치를 가능하게 한다.

안전요원들은 신속하고 침착한 대응을 통해 사고 피해를 최소화하고 체험학습이 원활히 진행될 수 있도록 지원해야 한다.

"체계적인 대응과 신속한 보고는 학생들의 안전을 지키는 가장 효과적인 방법이다."

7장
안전요원의 자기 관리

안전요원은 스트레스를 효과적으로 관리하고, 지속적인 교육과 훈련을 통해 전문성을 강화하며, 자기 관리를 통해 업무 효율성을 높이는 것이 중요하다. 이 장에서는 안전요원이 겪는 스트레스와 피로를 이해하고, 자기관리 전략과 정신적 회복 방법을 통해 지속적으로 동기를 유지할 수 있는 실천 방안을 배운다.

7.1 스트레스 관리와 심리적 준비

위기 상황은 예고 없이 다가온다. 평화로운 일상이 순식간에 혼란으로 변할 수 있다. 안전요원은 이러한 예기치 못한 순간에도 침착하고 신속하게 대응해야 하지만, 이는 심리적 압박으로 작용할 수 있다. 따라서, 자기관리와 심리적 준비는 안전요원의 핵심 역량 중 하나다.

1) 호흡 조절: 내면의 균형 찾기
갑작스러운 사고 현장에서 심장은 빠르게 뛰고, 호흡은 거칠어진다. 이럴 때는 천천히 숨을 들이마시고, 잠시 멈춘 뒤 천천히 내쉬는 4-7-8 호흡법을 시도해보자. 마치 고요한 바람이 거친 폭풍 속에서 균형을 잡듯이, 이 간단한 호흡은 혼란스러운 마음을 안정시키고 상황을 명확히 바라보게 한다. 숨을 들이쉴 때는 "모든 것은 잘 될 거야"라고 스스로를 다독이며 마음을 가다듬는다.

① **방법:**
  · 4초 동안 코로 숨을 깊이 들이마신다.
  · 7초 동안 숨을 참는다.
  · 8초 동안 입으로 천천히 숨을 내쉰다.

② **효과:** 스트레스 완화, 심리적 안정, 집중력 향상.

③ **팁:** 하루 2번 정기적으로 연습하여 위기 상황에서 활용할 수 있도록 한다.

2) 긍정적 사고 유지: 작은 희망을 붙잡다

혼란스러운 상황 속에서 자신감을 잃지 않는 법을 배우는 것은 중요하다.
- 스스로에게 "나는 이 상황을 잘 해결할 수 있어"라는 긍정적인 말을 반복한다.
- 과거 성공적인 대처 경험을 떠올리며 현재 상황을 극복할 희망을 찾는다.
- 긍정적인 사고는 불안과 두려움을 완화하고 문제 해결력을 높여준다.

3) 현실적 사고: 복잡함 속에서 길을 찾다

혼란 속에서도 현재 상황을 객관적으로 바라보는 것이 중요하다.
- 눈앞의 문제를 하나씩 정리하며, 우선순위를 설정한다.
- "가장 시급한 것은 무엇인가?" 질문을 스스로에게 던지며 단계적으로 대응한다.
- 퍼즐을 맞추듯 한 가지씩 해결해가는 과정을 통해 상황이 명료해진다.
- 문제의 핵심에 집중하면, 해결의 실마리가 보이기 시작한다.

4) 지지 시스템 활용: 혼자가 아니라는 확신

모든 것을 혼자서 감당할 필요는 없다.
- 동료들과 소통하며 역할을 분담하고, 상급자에게 상황을 보고한다.
- 협력은 심리적 부담을 줄이고, 문제 해결을 위한 효율적인 방법을 제공한다.

- "우리는 함께할 때 가장 강하다"는 믿음은 심리적 압박을 덜어주는 든든한 버팀목이 된다.
- 그들과의 협력은 안전요원이라는 직무를 더욱 견고하게 만든다.

5) 훈련과 매뉴얼 활용: 반복에서 오는 익숙함

위기 상황에서 매뉴얼은 안전요원의 나침반이다.
- 사전에 반복적으로 연습한 시뮬레이션은 실제 상황에서 혼란을 최소화한다.
- "내가 훈련한 그대로 하면 돼"라는 자신감은 정확한 대처를 가능하게 한다.
- 반복한 훈련은 위기 앞에서 떨리는 손을 안정시키며, 신뢰할 수 있는 행동 지침을 제공한다.

6) 감정 소진(Burnout Syndrome) 예방: 나를 지키는 법

스트레스가 쌓이고 일이 반복되면 감정 소진이 찾아올 수 있다. 이 상태는 단순한 피로를 넘어, 모든 것이 무의미하게 느껴지는 지점까지 사람을 몰아간다. 그러나 이를 예방하는 방법은 분명히 있다.

(1) 업무와 개인 생활의 균형: 나만의 쉼표 찾기

하루의 업무가 끝나면 스스로에게 "수고했어"라는 말을 건네며 업무의 끈을 내려놓는다. 여가 시간에는 좋아하는 취미에 몰두하거나 자연 속에서 산책을 즐긴다. 이러한 순간은 자신을 재충전하고, 다시 힘을 낼 수 있는 원동력을 제공한다.

(2) 신체적 건강 관리: 몸과 마음의 연결고리

건강한 몸은 건강한 마음을 만든다. 아침마다 10분씩 간단한 스트레칭을 하며 하루를 시작하고, 신선한 재료로 만든 음식을 먹는다. 충분한 수면은 마치 방전된 배터리를 다시 충전하는 것처럼 새로운 에너지를 준다.

(3) 심리적 지원

내 이야기를 들어줄 누군가 필요할 때는 심리 상담을 통해 자신의 감정을 털어놓는 것도 중요하다. '괜찮지 않은 나'를 인정하고 도움을 요청하는 것은 결코 약함이 아니라, 스스로를 지키는 강함이다. 동료들과의 대화 또한 서로의 경험을 공유하며 위로와 조언을 나누는 값진 시간이 된다.

(4) 스트레스를 해소하는 작은 방법들

스트레스를 풀기 위한 방법은 생각보다 단순할 수 있다. 하루의 끝에서 책을 읽으며 마음의 안정을 찾거나, 잔잔한 음악을 들으며 감정의 파도를 가라앉힌다. 때로는 친구와의 대화나 한 잔의 차가 모든 것을 나아지게 하기도 한다. 균형 잡힌 식사와 가벼운 운동은 신체의 긴장을 풀어주며 스트레스 해소에 큰 도움이 된다.

결론: 자기 관리가 곧 다른 사람의 안전을 지키는 길

안전요원이라는 직무는 결코 가볍지 않다. 그러나 자기 관리를 통해 심리적 준비를 갖춘다면, 어떤 위기 앞에서도 흔들리지 않는 강인한 버팀목이 될 수 있다.

"자신을 돌보는 것이 결국 다른 사람을 지키는 첫걸음이다."

7.2 지속적인 교육과 훈련의 중요성

안전요원으로서의 역할은 지속적인 교육과 훈련을 통해 강화된다. 이는 변화하는 세상 속에서 항상 최신 지식과 기술로 무장해야 하는 끝없는 배움의 여정이다. 학생들의 안전을 지키기 위해, 그리고 예기치 못한 순간에도 완벽하게 대처하기 위해 안전요원은 지속적인 교육과 훈련을 멈추지 않아야 한다. 이번 섹션에서는 지속적인 교육과 훈련의 중요성과 이를 효과적으로 수행하는 방법에 대해 다룬다.

1) 정기적인 응급처치 기술 업데이트

"응급상황은 예상치 못한 순간에 찾아온다." 정기적인 응급처치 기술 업데이트의 중요성은 이 한 문장에 압축된다. 최신 매뉴얼을 검토하며 안전요원은 늘 준비 상태를 점검한다. 새롭게 발표된 응급처치 지침은 단순히 문서 속의 글자가 아니라, 생명을 구할 수 있는 실제적인 기술이다.

① **사례:** 한 안전요원이 몇 년 전 심정지 환자에게 CPR을 실시해 생명을 구한 경험이 있다. 그러나 시간이 지나면서 CPR 기술은 세부적으로 발전했다. 그는 최신 지침을 반영한 온라인 강의와 전문가 워크숍에 참석해 새 기술을 익혔다. 이를 통해 자신감을 높이고 실전에 대비할 수 있어서, 과거의 자신보다 더 자신감 있는 안전요원이 되어 있었다.

2) 시뮬레이션 훈련의 중요성

"훈련은 실전처럼, 실전은 훈련처럼." 시뮬레이션 훈련은 위기 상황에 대한 대처 능력을 키우는 가장 효과적인 방법이다.

① **화재 대피 훈련:** 비상벨이 울리자 학생들과 교직원들은 훈련된 동작으로 비상구를 향해 질서 있게 이동했다. 반복된 시뮬레이션 훈련 덕분에 혼란을 최소화하고 안전하게 집합장소에 도착할 수 있었다. 훈련 후 개선점을 논의하며 "학생들이 비상구 위치를 더 쉽게 찾도록 표지판을 추가해야 한다"는 의견을 반영했다.

② **심정지 대응 훈련:** 인체 모형을 활용해 CPR과 AED 사용법을 반복 연습했다. 처음에는 서툴렀던 동작도 훈련이 거듭될수록 정확성과 자신감을 갖게 되었다. "훈련이 없었다면 실제 상황에서 이렇게 침착할 수 없었을 겁니다."라는 피드백은 훈련의 가치를 보여준다.

3) 자격 갱신과 새로운 기술 습득

안전요원으로서 그녀는 자격증 갱신 시기가 다가왔음을 알았다. 자격 갱신은 단순한 절차가 아니라, 전문성을 재확인하고 새롭게 다질 수 있는 기회였다. 그녀는 최신 응급처치 기술을 배우기 위해 다시 강의실에 앉았다.

"이 기술은 심리적 응급처치에 특화된 방법입니다."

강사의 설명에 그녀는 고개를 끄덕이며 과거의 경험을 떠올렸다. 사고 후 충격을 받은 학생들에게 어떻게 심리적 지원을 해야 할지 몰랐던 지난날이 떠올랐다. 이제는 이 기술을 통해 학생들에게 정서적 안정까지 제공할 수 있을 거라는 자신감과 함께 새로운 책임감을 느꼈다.

갱신 과정에서 그녀는 단순히 응급처치 기술에만 머물지 않았다. 소방 안전 교육과 수상 안전 교육도 함께 갱신하며 자신의 전문성을 더욱 넓혔다. **"안전요원은 언제나 한 분야에만 국한될 수 없다."** 그녀는 새로운 지식을 쌓는 과정을 통해 이 말을 실감했다. 학생들의 안전을 지키기 위해서는 다방면의 지식과 기술이 필수적이라는 사실을 다시 한번 깨달았다.

자격 갱신은 새로운 시각과 역량을 추가하며 안전요원으로서의 책임을 재확인하는 과정이었다. 이 경험은 그녀가 학생들에게 더 나은 보호와 지원을 제공할 수 있는 토대가 되었다.

결론

안전요원의 역할은 절대 멈추지 않는 성장의 과정이다. 지속적인 교육과 훈련은 위기 상황에서 확실히 대처할 수 있는 자신감을 심어준다. 매뉴얼을 검토하고, 시뮬레이션 훈련을 거듭하며, 새로운 기술을 익히는 모든 과정은 결국 학생들에게 안전한 환경을 제공하기 위한 밑바탕이 된다. 안전요원은 자신을 끊임없이 단련하며, 그 결과로 모두가 믿고 의지할 수 있는 존재로 자리잡는다.

7.3 자기관리 전략과 실천 방안

안전요원이란 스스로를 잘 관리하고 발전시키며 지속적으로 성장해 나가는 역할을 수행하는 사람이다. 자기관리는 업무 효율성을 높이고 개인의 삶의 질을 향상시키는 데 필수적인 요소다. 시간 관리와 신체적 건강 유지, 정신적 건강 관리, 지속적인 자기개발, 균형 있는 생활은 이러한 자기관리를 위한 핵심 전략이다.

1) 시간 관리와 우선순위 설정

효율적인 시간 관리는 모든 업무와 활동의 기반이다. 안전요원은 매일의 일정을 계획하고 우선순위를 설정함으로써 중요한 업무를 가장 먼저 처리할 수 있다.

하루 단위의 세부적인 목표와 장기적인 성장 목표를 설정해 실현 가능한 단계별 계획을 세우는 것이 효과적이다. 캘린더, 플래너 또는 모바일 앱과 같은 도구를 활용하면 더욱 체계적으로 시간을 관리할 수 있다. 큰 업무는 작은 단위로 나눠 단계별로 완수하고, 팀원들과 업무를 적절히 분배하거나 위임하여 효율성을 극대화하는 것도 좋은 방법이다.

2) 신체적 건강 관리

안전요원의 신체적 건강은 직무 수행 능력에 직결된다. 규칙적인 운동은 체력을 유지하고 스트레스를 해소하는 데 도움을 준다. 걷기, 달리기, 자전거 타기와 같은 유산소 운동은 심폐 기능을 강화하며, 웨이트 트레이닝과 요가 같은 근력 운동은 체력을 향상시킨다. 스트레칭과 필라테스 같은 유연성 운동은 근육의 긴장을 풀고 부상의 위험을 줄인다.

또한 균형 잡힌 식단은 신체의 에너지 수준을 유지하는 데 필수적이다. 단백질, 탄수화물, 지방, 비타민, 미네랄을 균형 있게 섭취한다. 규칙적인 식사와 건강한 간식은 에너지를 안정적으로 유지해준다. 무엇보다도 충분한 수면은 신체와 정신의 회복에 가장 중요한 요소다. 일정한 시간에 잠자리에 들고, 조용하고 어두운 환경에서 깊은 수면을 취할 수 있도록 한다.

3) 정신적 건강 관리

안전요원은 정신적 건강을 유지하기 위해 명상과 요가를 통해 마음을 진정시키고 스트레스를 관리해야 한다. 자신만의 취미 활동을 통해 정서적 안정을 찾고, 호흡 운동으로 신체와 마음의 긴장을 완화할 수 있다.

동료와의 소통을 통해 정서적 지지를 받고, 가족과 시간을 보내며 안정감을 얻는 것도 중요하다. 필요할 경우 전문 심리 상담을 통해 정신적 문제를 해결하며, 긍정적인 사고방식을 유지하는 것도 필수적이다. 자기 자신을 격려하고 작은 성취도 인정하며 현실적인 기대를 설정하는 것이 지나친 스트레스와 완벽주의를 피하는 방법이다.

4) 지속적인 자기 개발

안전요원은 전문성을 강화하고 개인의 성장을 위해 지속적인 자기 개발을 이어가야 한다. 관련 도서를 읽거나 온라인 강의를 수강하며 최신 정보를 학습하고, 안전 관리와 응급처치, 심리학 등 다양한 분야에서 지식을 확장할 필요가 있다.

워크숍에 참여하거나 새로운 자격증을 취득함으로써 실무 능력을 더욱 강화할 수 있다. 팀 관리와 리더십 기술을 개발하여 조직 내에서 효과적인 역할을 수행하는 것도 자기 개발의 중요한 부분이다.

자기 반성과 피드백 수용도 필수적이다. 정기적으로 자신의 업무를 평가하고 개선점을 찾아나가며, 동료와 상사로부터 받은 피드백을 적극적으로 받아들이는 자세를 갖춰야 한다. 이를 통해 자신의 성과를 객관적으로 평가하고 지속적인 성장의 기반을 다질 수 있다.

5) 균형 있는 생활 유지

업무와 개인 생활 간의 균형은 정신적, 신체적 건강을 유지하는 데 매우 중요하다. 업무 시간 동안에는 업무에 집중하되, 개인 시간에는 가족과 함께하거나 취미 활동을 통해 스트레스를 해소하며 휴식을 취하는 것이 좋다. 정기적인 휴식과 주기적인 휴가 계획은 업무에서 벗어나 재충전할 수 있는 좋은 방법이다.

규칙적인 운동과 균형 잡힌 식단, 충분한 수면은 기본적인 건강을 유지하는 데 필수적이다. 다양한 활동에 참여하며 스트레스를 효과적으로 관리하고, 사회적 활동을 통해 심리적 안정감을 얻는 것도 삶의 질을 높이는 데 도움이 된다.

결론

안전요원의 자기관리 전략과 실천 방안은 개인의 신체적, 정신적 건강을 유지하며 업무 효율성을 극대화하는 데 중요한 역할을 한다. 시간 관리, 건강 관리, 정신적 안정, 자기 개발, 균형 있는 생활 유지라는 다섯 가지 핵심 요소를 통해 안전요원은 자신의 역량을 지속적으로 강화할 수 있다.

이러한 노력을 통해 개인적인 만족도와 성취감을 높이는 동시에, 학생들의 안전을 효과적으로 보호하며 그들의 삶에 긍정적인 영향을 미칠 수 있다. 자기관리는 개인의 발전뿐 아니라 조직과 공동체의 안전과 성공을 위한 필수적인 요소다.

7.4 정신적 회복과 지속적인 동기 부여

안전요원의 삶은 긴장과 헌신으로 가득 찬 특별한 여정이다. 수많은 상황에서 학생들의 안전을 최우선으로 생각하며 모든 위기에 신속히 대응하는 것이 이들의 책임이다. 그러나 이 과정에서 정신적 피로와 소진을 겪는 것은 피할 수 없는 현실이다. 따라서 자신의 정신적, 신체적 건강을 유지하고 지속적으로 동기를 부여받는 것은 안전요원으로서 성공적인 경력을 이어가기 위한 필수 조건이다.

1) 정신적 회복의 중요성

업무와 일상 속에서 정신적 피로가 쌓일 때, 안전요원에게 가장 중요한 것은 자신을 돌보는 것이다.

전선희 대표는 집에 돌아와 조용한 거실 소파에 앉았다. 따뜻한 차 한 잔을 손에 들고 천천히 숨을 고르며, 하루의 긴장을 내려놓는 시간을 가졌다. 그녀에게 이 순간은 바쁜 일상 속에서 스스로를 재충전하는 소중한 시간이었다. 쉬는 날이면 취미로 즐기는 피아노를 치며, 건반 위에 마음을 담아 자유롭게 생각을 표현하곤 했다.

'지금 이 순간만큼은 모든 걸 내려놓고 온전히 나 자신에게 집중하자.'
그녀는 조용히 미소 지으며 속으로 되뇌었다.

정신적 회복은 스스로를 돌보고, 안정된 환경을 조성하며 마음의 여유를 찾는 과정이다. 바쁜 일정 속에서도 잠깐의 여유를 갖고, 긍정적인 환경에서 스트레스를 해소하는 것이 얼마나 중요한지 잘 알고 있다. 이와 함께 동료들과의 대화는 또 다른 회복 방법이었다. "오늘 정말 힘들었지? 그래도 다 같이 협력해서 잘 마무리했어." 동료와 나눈 짧은 대화 속에서도 큰 위로를 얻었다.

2) 지속적인 동기 부여

동기를 유지하는 데 가장 효과적인 방법 중 하나는 목표를 설정하고 이를 달성하는 성취감을 누리는 것이다. 매달 스스로에게 작은 목표를 설정한다. 이번 달의 목표는 새로운 안전관련 기술을 익히는 것이었다.

그녀는 매주 정해진 시간에 관련 강의를 듣고, 주말에는 실습을 통해 기술을 익혀나갔다. "새로운 기술을 배우는 건 늘 어렵지만, 나를 더 성장하게 만드는 과정이야." 그녀는 매일 조금씩 발전하는 자신의 모습을 보며 스스로를 격려했다.

목표를 이루었을 때의 성취감은 그녀에게 새로운 에너지를 불어넣었다. 이러한 경험을 통해 동기 부여의 힘을 다시금 느꼈다. 또한, 자신의 성과를 인정하고 스스로를 칭찬하는 것 역시 중요한 동기 부여 방법이었다.

"오늘도 최선을 다해 안전을 지켜냈어. 정말 잘했어" 매일 밤 스스로를 칭찬하며, 그녀는 새로운 하루를 위한 힘을 얻었다.

3) 커뮤니티와 멘토링을 통한 성장

전문 커뮤니티에 참여해 동료들과 경험을 나누는 것은 또 다른 동기 부여 방법이었다. 그녀는 정기적으로 열리는 안전관리 세미나에 참석하며 최신 정보를 배우고, 다양한 사례를 통해 자신만의 노하우를 쌓아갔다. "다른 사람들도 나와 비슷한 도전을 겪고 있구나." 그녀는 동료들과 이야기를 나누며 공감과 지지를 받았다.

멘토링 프로그램 역시 그녀의 성장을 돕는 중요한 요소였다. 경험 많은 선배로부터 조언을 듣고, 실질적인 도움을 받는 과정은 자신감을 키웠다. "네가 하고 있는 일은 분명 의미가 있어. 그걸 잊지 마." 멘토의 한 마디는 마음을 단단하게 만들었다.

4) 회복과 동기가 만들어내는 변화

그녀는 자신을 돌보는 과정에서 얻은 회복의 힘과 꾸준히 유지해온 동기를 바탕으로 더욱 능동적이고 열정적으로 업무를 수행할 수 있었다. 매일 반복되는 안전업무 속에서도 새로운 배움을 추구하며 자신을 발전시켰다.
"오늘도 최선을 다했으니 내일은 더 잘할 수 있을 거야." 그녀는 스스로를 다독이며 새롭게 다가올 하루를 준비했다.

결론

안전요원으로서의 삶은 결코 쉬운 길이 아니다. 하지만 정신적 회복과 지속적인 동기 부여를 통해 자신의 역할을 더욱 충실히 수행할 수 있었다. 그녀는 학생들에게 안전한 환경을 제공하며, 자신의 건강과 행복 또한 놓치지 않는 방법을 배워가고 있었다. 이 모든 과정은 단순히 그녀의 업무 능력을 높이는 데 그치지 않았다. 이는 자신과 주변 사람들뿐만 아니라, 궁극적으로 사회 전체에 긍정적인 가치를 더하는 일이었다.

8장
안전요원을 위한 교육과 훈련

안전요원으로서의 역할은 단순히 사고가 발생했을 때 대처하는 데 그치지 않는다. 체계적이고 지속적인 교육과 훈련을 통해 전문성을 강화하고, 예기치 못한 다양한 상황에 신속하고 효과적으로 대응할 수 있는 능력을 길러야 한다. 이 장에서는 안전요원이 갖추어야 할 교육의 중요성과 디스탑안전교육에서 제공하는 전문 교육 과정을 통해 실무 능력을 향상시키는 방법을 학습한다.

8.1 안전요원 교육의 필요성

안전요원은 수학여행과 같은 현장에서 다양한 위험 요소와 응급상황에 대응하며 학생들의 안전을 책임진다. 이를 효과적으로 수행하려면 전문적인 지식과 기술, 체계적인 교육이 필수적이다.

1) 교육의 중요성
- 전문성 강화: 응급처치 능력, 위기 대처 능력, 안전 관리 지식을 체계적으로 습득하여 전문성을 갖춘다.
- 학생 안전 보장: 사고 발생 시 신속하고 정확한 대응으로 학생들의 생명을 보호하고 심리적 안정을 제공한다.
- 법적·윤리적 책임 이행: 학생 보호를 위한 법적 의무를 준수하며, 윤리적 행동으로 신뢰를 얻는다.

2) 교육의 목표
- 응급처치 및 사고 예방 지식 습득
- 실무 능력과 팀워크 향상
- 심리적 안정과 위기 상황 대처 능력 강화
- 최신 기술을 반영한 지속적인 자기 개발

8.2 체계적인 훈련 과정 설계

훈련 과정은 안전요원이 실무에 필요한 지식과 기술을 체계적으로 습득하고, 이를 현장에서 효과적으로 적용하도록 돕는다.

1) 훈련 과정의 구성 요소
이 구성 요소를 통해 안전요원은 응급상황에서의 이론적 지식과 실전 기술, 심리적 안정성을 모두 갖춘 전문성을 확보할 수 있다.

(1) 이론 교육:
- 응급상황에서 필요한 기본 지식을 학습하는 과정으로, 안전요원으로서의 기초를 다진다.
- 응급처치 원칙, CPR 및 AED 사용법 등 기본 이론 학습

(2) 실습 훈련:
- 응급처치 기술을 실제 상황처럼 연습하며 실전 대응 능력을 강화한다.
- CPR, AED, 드레싱, 지혈 등 활용 가능한 기술 연습

(3) 상황별 대처 훈련:
- 다양한 응급상황을 가정하여 대처 능력을 기른다.
- 다양한 상황(화재.익수)에 대비한 대처 훈련

(4) 심리적 준비 훈련:
- 응급상황에서도 침착함을 유지하기 위한 심리적 안정 훈련 과정이다.

· 명상과 호흡 운동을 통해 심리적 안정 유지법 습득

(5) 평가와 피드백:

· 훈련 후 지식과 기술을 점검하고 부족한 부분을 보완한다.

· 지식과 기술 평가 및 개선점을 보완하기 위한 피드백

2) 훈련 과정 설계의 원칙

(1) 단계적 학습:

　기초에서 시작해 심화된 실습으로 발전하는 체계적인 학습 과정을 설계한다. 예를 들어, 심폐소생술의 기본 원리를 익히고, 이후 다양한 상황에서 적용할 수 있도록 심화 실습을 진행한다. 이를 통해 점진적으로 역량을 강화하도록 한다.

(2) 실무 중심:

　훈련은 실제 현장에서 발생할 수 있는 다양한 응급 상황을 반영하여 설계한다. 화재, 낙상, 교통사고 등 구체적인 시나리오를 활용해 현장에서 바로 적용 가능한 기술과 적응력을 높이는 데 초점을 맞춘다.

(3) 참여적 학습:

　직접 체험하며 배우는 환경을 조성한다. 마네킹을 활용한 실습처럼 실질적이고 체험적인 학습 방식을 제공하며, 그룹 활동을 통해 협력과 문제 해결 능력을 키운다.

(4) 지속 가능한 교육:

　단발성 교육에 그치지 않고, 정기적인 훈련을 통해 지식과 기술을 꾸준히 갱신하도록 한다. 연 1회 이상 정기적인 심폐소생술 갱신 교육을 제공하며, 스스로 부족한 부분을 보완할 수 있도록 자기주도적 학습 환경을 지

원한다.

(5) 유연한 접근:

경험 수준과 직무 특성에 맞춘 맞춤형 교육으로 설계한다. 초보자를 위한 기초 과정과 숙련자를 위한 심화 과정으로 나누어 제공하며, 새로운 안전 규정이나 현장 변화에 따라 훈련 내용을 유동적으로 조정한다.

3) 훈련 과정의 단계별 예시
- 초기 단계: 응급처치 이론과 CPR, AED 실습
- 중기 단계: 심화 기술 학습과 시뮬레이션
- 최종 단계: 평가를 통해 실력 점검 및 부족한 부분 보완.

결론

안전요원을 위한 교육과 훈련은 전문성을 강화하고, 응급 상황에서의 대응 능력을 종합적으로 길러주는 과정이다. 체계적인 교육을 통해 안전요원은 자신의 역할을 더욱 충실히 수행하며, 체험학습의 질을 높이는 데 기여할 수 있다. 이를 위해 지속적인 교육과 자기 개발이 뒷받침되어야 하며, 변화하는 안전 환경에 맞춰 유연하게 적응하는 태도가 필요하다.

8.3 디스탑안전교육의 전문 교육 과정

디스탑안전교육의 전문 과정은 안전요원을 대상으로 최신 안전 관리 기술과 응급처치 방법을 체계적으로 교육하는 프로그램이다. 이 과정은 이론과 실습을 병행하여 안전요원이 현장에서 바로 적용할 수 있는 실질적인 기술과 지식을 습득하도록 설계되었으며, 응급 상황 대응 능력을 강화하고 안전 관리를 효과적으로 수행할 수 있도록 돕는다.

1) 주)디스탑안전교육의 주요 교육 과정
(1) 신규 실무 교육

신규 안전요원을 대상으로, 실질적이고 구체적인 지침을 제공하는 독보적인 프로그램이다. 이론에만 그치지 않고, 신규 안전요원이 현장에서 자신감 있게 역할을 수행할 수 있도록 핵심 실무를 상세히 제공한다.

① **교육 내용**
  ㉠ 안전요원의 정의와 역할 이해
  · 안전요원의 기본 정의와 역할 및 책임 설명
  · 법적·윤리적 의무 강조, 신뢰받기 위한 방향 제시.
  ㉡ 교사와의 첫 소통 방법
  · 교사와의 첫 대화 주제 및 진행 요령

· 학생 정보, 활동 계획, 안전 관리 방안 논의 팁

ⓒ 주·야간 안전요원의 역할 구분

· 주간 요원: 이동·활동 중 안전 점검, 응급 상황 대처

· 야간 요원: 숙소 내 안전 관리, 취침 중 사고 대비

ⓓ 응급처치 및 사고 대응

· 기본 응급처치 기술(CPR, AED 사용, 출혈 제어 등)

· 상황별 대처 방법(화상, 알레르기 반응 등)

· 골든타임 확보 전략과 상황별 대응 방안

ⓔ 현장 실무

· 안전 점검 체크리스트 활용법

· 이동 수단·활동 장소·숙소 등에서의 점검 포인트 학습.

· 학생 인원 확인 및 그룹 관리 방법, 비상 상황 대응 훈련(화재 대피, 교통사고 등)을 시뮬레이션 실습.

② **교육의 독보성**

ⓐ 현장 중심: 이론에만 머무르지 않고, 실제 상황에서 바로 적용 가능한 실무 중심의 교육을 제공.

ⓑ 구체적 가이드: 첫 미팅 핵심 주제 안내부터 응급 상황 대처까지 단계별로 상세히 설명하며, 교사와의 협업을 원활히 구축할 수 있는 실질적인 팁과 노하우를 제공.

ⓒ 맞춤형 훈련: 각 요원의 개별적인 필요와 상황에 맞춘 맞춤형 교육으로 유의미한 학습을 지원.

(2) 응급처치 전문 교육

고급 응급처치 기술을 포함하여, 다양한 상황에서 학생의 안전을 확보하기 위한 전문 기술을 다룬다.

① **교육 내용**
- 고급 응급처치 기술: 심정지 대응, 대출혈 제어, 골절 및 탈구 응급처치
- 특수 상황 대응: 익수 사고, 화재, 자연 재해 등

(3) 심화 심리 교육

응급 상황에서 학생과 교사의 심리적 안정에 기여하며, 안전요원의 심리적 건강도 유지할 수 있는 기술을 교육한다.

① **교육 내용**
- 심리적 지원: 학생에게 심리적 안정 제공
- 스트레스 관리: 안전요원의 감정 소진 예방 기술

(4) 시뮬레이션 및 실습

모의 응급 상황을 통해 실전 대처 능력을 강화하고, 이론을 실전에 적용하는 과정을 제공한다.

① **교육 내용**
- 모의 상황 시뮬레이션: 다양한 응급 상황 재현
- 실습 중심 훈련: 심폐소생술, AED 사용, 출혈 제어 등

(5) 평가 및 인증

교육 과정 중간과 최종에 평가를 실시하며, 성공적으로 이수한 안전요원

에게 공식 인증서를 발급한다.
① **평가 방식**
  · 실습 평가: 응급처치 기술 및 상황 대처 능력 평가
  · 이론 평가: 안전 지침과 응급 대처 지식 검증

결론
디스탑안전교육의 전문 교육 과정은 안전요원이 기본부터 고급 기술까지 체계적으로 익혀 현장에서 즉시 적용할 수 있도록 설계된 실무 중심의 교육을 제공한다.

2) **교육 방법론**
안전요원이 실질적인 역량을 강화할 수 있도록 체계적이고 효과적인 교육 방법론을 채택한다. 학습자의 필요와 상황에 맞춘 다양한 접근 방식을 통해 이론과 실무를 조화롭게 통합하며, 교육 효과를 극대화하고 현장에서 바로 적용 가능한 기술을 습득하도록 돕는다.

(1) **참여형 학습(Interactive Learning)**
교육 과정에서 학습자 간의 협력과 상호작용을 강조하여 학습 효과를 극대화한다.
① **경험 공유와 협력**
  · 학습자들간에 경험을 공유하고, 다양한 상황의 대응 사례를 논의한다.
  · 그룹 활동을 통해 실제 현장에서의 협력 능력을 강화한다.

② **토론과 문제 해결**
- 발생 가능한 문제를 제시하고, 팀별로 해결 방안을 논의하도록 한다.
- 이를통해 학습자들은 비판적 사고와 실질적인 문제 해결 능력을 배운다.

③ **강사와의 소통**
- 질의응답을 통해 궁금한 점을 바로 해결할 수 있다.
- 강사의 피드백과 추가설명은 학습 내용을 이해하는 데 도움이 된다.

(2) 실전 중심 학습(Practical Learning)

현장 대처 능력을 강화하기 위해 실습 중심 교육을 도입하여, 학습자가 실제 상황에서 즉각적으로 대응할 수 있는 자신감을 기른다.

① **모의 응급 상황 재현**
- 화재 대피, CPR, 골절 대처 등 실제 상황을 재현한다.
- 모의 환자를 상대로 응급처치와 사고 대응을 연습한다.

② **즉각적인 피드백**
- 강사가 학습자의 행동을 평가하고 피드백을 제공한다.
- 실수를 바로잡고 방안을 제시하여 본인이 즉각적으로 적용할 수 있도록 한다.

③ **현장과의 연계**
- 실제 발생할 수 있는 상황을 바탕으로 학습을 설계하여 현장 적응력을 높인다.
- "훈련은 실전처럼, 실전은 훈련처럼"이라는 원칙을 실현한다.

결론

디스탑안전교육의 교육 방법론은 학습자의 참여를 최대화하고, 이론과 실무를 조화롭게 통합하여 현장 중심의 안전요원을 양성하는 데 초점을 맞추고 있다.

· **참여형 학습**은 협력과 문제 해결 능력을,
· **실전 중심 학습**은 응급 상황 대처 능력을 강화한다.

이러한 방법론은 실제 현장에서 자신감 있게 행동할 수 있는 역량을 제공한다. "배움은 단지 끝이 아닌, 실천을 위한 시작이다."

3) 효과 및 사례

체계적이고 실질적인 교육을 통해 안전요원들의 실무 역량을 강화하고, 학생들의 안전을 보호하며 응급 상황에서의 효과적인 대응을 가능하게 한다. 교육 효과와 성공 사례를 통해 이 프로그램의 가치를 확인할 수 있다.

(1) 교육 효과

안전요원의 전문성을 높이고, 다양한 상황에서의 대처 능력을 강화하여 안전 관리와 사고 예방에 기여한다.

① **실무 역량 강화**

안전요원들은 응급처치 기술과 위험 요소 관리 능력을 습득하며, 현장에서 효과적으로 대응할 수 있는 자신감을 갖추게 된다.

예: AED 사용, 출혈 제어, 골절 고정 등 실질적인 응급처치 기술.

② **사고 예방 능력 향상**

위험 요소를 사전에 식별하고, 이를 관리, 제거하는 능력을 강화한다.

예: 활동 장소 점검, 비상구 확인, 안전 장비 관리 등.

③ **심리적 지원 능력 강화**

학생들과 교직원의 심리적 안정을 도모하는 기술을 익혀, 위기 상황에서도 안정감을 유지하고 신뢰를 형성할 수 있다.

예: 공황 상태의 학생을 진정시키고 안전하게 보호하는 대처법.

(2) 성공 사례

① **성공적인 화재 대피**

디스탑안전교육을 이수한 한 안전요원은 숙소에서 화재가 발생했을 때 교육받은 대피 절차와 지침을 신속히 실행했다.

- 대처 과정:
  · 비상벨을 울리고 학생들을 빠르게 대피시킴.
  · 비상구, 대피 경로를 사전 점검한 덕분에 혼란 없이 안전한 장소로 이동 유도했다.
- 결과: 모든 학생과 교사가 안전하게 대피했으며, 부상자 없이 상황을 마무리했다.

② **심정지 환자 생존율 향상**

CPR, AED 사용법을 학습한 덕분에 심정지 상황에서 신속한 응급처치를 시행했다.

- 대처 과정:
  · 의식과 호흡을 확인한 뒤 즉시 가슴 압박을 시작했다.
  · AED를 사용하며 119 도착 전까지 응급처치를 지속했다.
- 결과: 병원 도착 후 완전히 회복했으며, 신속한 초기 대응이 생존율을

향상시켰다.

③ **버스 사고 긴급 대처**

수학여행 중 발생한 교통사고에서 안전요원이 침착하고 효과적으로 대처했다.

- **대처 과정:**
  · 사고 직후 학생들을 안전하게 대피시키고 차량의 위험 요소(비상망치, 비상개폐장치 활용)를 점검했다.
  · 부상자를 분류하고 이에 맞는 응급처치를 시행하며, 구조 요청 및 상황 보고를 신속히 처리했다.
- **결과:** 부상자들은 적절한 응급처치와 병원 이송 덕분에 큰 사고로 이어지지 않았으며, 대처 능력을 인정받았다.

결론

안전요원이 현장에서 필요한 전문성을 체계적으로 강화하며, 다양한 응급 상황에서도 성공적으로 대처할 수 있도록 돕는다.

디스탑안전교육의 모든 교육 과정과 시스템은 생명을 지키는 데 초점을 맞추고 있다.

4) 지속 가능한 발전 방안

(1) 교육 내용의 지속적인 업데이트:

응급처치 기술과 안전 관리 방법은 시간이 지남에 따라 발전하고 변화한다. 디스탑안전교육은 최신 기술과 방법론을 교육 과정에 지속적으로 반영하여 안전요원들이 항상 최신 정보를 바탕으로 행동할 수 있도록 한다.

(2) 교육 인프라 확충:

　교육 환경을 더욱 효과적으로 만들기 위해 최신 응급처치 장비와 시뮬레이션 시설을 확보하고, 이를 통해 안전요원이 실습을 통해 체감할 수 있는 학습을 제공한다. 전문성을 갖춘 강사진을 확보하여 질 높은 교육을 보장한다.

(3) 협력 네트워크 구축:

　의료기관, 소방서 등과 협력하여 실무 경험을 바탕으로 한 교육을 제공한다. 또한, 국내외 유수의 교육 기관과 연계하여 다양한 프로그램과 자원을 활용하며 교육의 깊이와 폭을 넓힌다.

(4) 참여자 피드백 반영:

　교육 후 설문 조사를 통해 참가자들의 피드백을 수집하고, 이를 바탕으로 교육 내용과 방법을 지속적으로 개선한다. 필요에 따라 참가자 개별의 요구와 수준에 맞춘 맞춤형 교육 프로그램을 제공하여 실질적인 학습 효과를 높인다.

5) 역할과 비전

　디스탑안전교육은 안전 관리와 교육의 새로운 기준을 세우는 전문 기업으로서, 체계적인 시스템과 전문성을 통해 학생과 교사의 안전을 보장하고 있다.

(1) 안전요원 보호 체계 구축

　소속 안전요원에게 사전 교육과 매뉴얼을 제공하며, 사고 발생 시 법적·제도적 보호 장치를 마련한다.

　안전요원이 안심하고 활동할 수 있는 안정적인 환경을 조성한다.

(2) 안전 문화 확산

학교, 교육청, 지역 사회와의 협력을 통해 체험학습과 수학여행의 안전성을 높이고, 대한민국의 안전 문화를 강화한다.

(3) 전문 인력 양성

단순한 안전요원 파견을 넘어, 체계적인 교육과 훈련을 통해 응급구호와 안전 관리를 전문으로 하는 전문가를 양성한다.

결론

디스탑안전교육은 안전요원들이 현장에서 전문성을 발휘할 수 있도록 체계적이고 실질적인 교육과 훈련을 제공한다. 실전 중심의 참여형 학습을 통해 안전요원들이 다양한 응급 상황에 효과적으로 대응할 수 있는 역량을 습득하게 하며, 지속적인 교육 프로그램 개선을 통해 안전 관리의 새로운 기준을 제시한다.

또한, 교육 인프라의 확충과 협력 네트워크를 기반으로 안전요원들이 안정적이고 전문적인 활동을 이어갈 수 있도록 지원한다. 참가자들의 피드백을 반영하여 교육의 질을 꾸준히 발전시키는 한편, 안전요원들이 학생들의 생명을 지키는 사명을 다할 수 있도록 책임감을 고취한다. **디스탑안전교육은 대한민국 안전 관리의 핵심 주체로 자리 잡으며, 신뢰받는 전문가 양성**을 목표로 끊임없이 나아가고 있다.

9장
안전요원으로서의 마음가짐

안전요원은 단순한 직업 이상의 사명감과 책임감을 가져야 한다. 이 장에서는 안전을 책임지는 전문가로서 지속적으로 학습하고 성장하며, 자부심과 전문성을 바탕으로 신뢰받는 안전요원이 되는 방법을 살펴본다. 이를 통해 안전요원이 가져야 할 올바른 마음가짐과 태도를 확립한다.

9.1 사명감과 책임감

1) 사명감의 중요성

사명감은 안전요원이 자신의 역할과 책임을 깊이 인식하고 이를 수행하는 데 있어 내적 동기를 부여받는 마음가짐이다. 이는 학생들과 교사의 안전을 지키기 위한 헌신적인 자세를 의미한다.

(1) 생명의 중요성 인식
- 생명을 지키는 역할: 안전요원은 학생들과 교사의 생명을 보호하는 최전선에 서 있다. 이 역할을 인식하고 생명의 가치를 항상 우선시하는 자세를 가져야 한다.
- 위기 상황에서의 결단력: 생명을 구하기 위해 신속하고 결단력 있게 행동하는 것이 사명감의 핵심이다.

(2) 책임감의 체화
- 책임의식 고취: 자신의 행동이 학생들과 교사의 안전에 직결된다는 책임감을 가져야 한다.
- 자기 주도적 행동: 지시를 기다리기보다는 상황을 주도적으로 파악하고 대응하는 자세를 가져야 한다.

(3) 동기 부여의 원천
- 내적 동기: 외부의 보상이나 인정보다는 내면에서 우러나오는 동기가 사명감을 유지하는 원동력이 된다.
- 도덕적 의무: 학생들과 교사의 안전을 지키는 것은 도덕적 의무로 인식되어야 한다.

2) 책임감의 발휘

책임감은 사명감을 실천으로 옮기는 구체적인 행동과 자세를 의미한다. 책임감 있는 행동은 안전요원의 신뢰성과 전문성을 높이는 데 기여한다.

(1) 업무의 철저한 수행
- 세부 사항 관리: 사전 준비부터 응급 상황 대응까지 모든 업무를 철저히 수행한다.
- 정확한 정보 전달: 학생들과 교사들에게 정확한 안전 정보를 제공하고 필요한 경우 신속하게 업데이트한다.

(2) 신뢰 구축
- 일관된 행동: 항상 일관된 행동과 태도를 유지하여 학생들과 교사로부터 신뢰를 얻는다.
- 모범적인 역할: 자신의 행동이 학생들에게 긍정적인 영향을 미칠 수 있도록 모범을 보인다.

(3) 문제 해결 능력
- 예방적 접근: 사고 예방을 위해 지속적으로 위험 요소를 분석하고 사전에 대응 방안을 마련한다.
- 유연한 대응: 예상치 못한 상황에서도 유연하게 대처할 수 있는 문제 해결 능력을 기른다.

9.2 안전 전문가로서의 자부심

1) 자부심의 역할

자부심은 안전요원이 자신의 역할과 직무에 대해 긍정적인 자아상을 가지는 것을 의미하며, 업무 동기와 전문성 향상에 중요한 역할을 한다.

(1) 직무에 대한 긍정적 인식
- 자기 가치 인식: 자신의 역할이 학생들과 교사의 안전에 기여한다는 점에서 큰 가치를 지닌다고 인식한다.
- 업무 만족도: 안전요원의 역할을 통해 얻는 만족감을 통해 직무에 대한 긍정적인 태도를 유지한다.

(2) 전문가로서의 자부심
- 전문성 인정: 자신의 전문성을 인정받고 이를 통해 자부심을 느낀다.
- 지속적인 성장: 전문성을 강화하기 위해 지속적으로 노력하고 이를 통해 자부심을 더욱 높인다.

(3) 커뮤니티 내 역할 인식
- 사회적 기여: 안전요원으로서의 역할이 사회에 긍정적인 영향을 미친다고 인식한다.

- 동료와의 협력: 동료 안전요원들과의 협력을 통해 공동의 목표를 달성하며 자부심을 느낀다.

2) 자부심의 긍정적 영향

자부심은 안전요원의 업무 수행에 긍정적인 영향을 미치며 학생들과 교사들에게도 긍정적인 메시지를 전달한다.

(1) 업무 수행의 질 향상
- 자신감 증대: 자신의 역할에 대한 자부심이 업무 수행에 대한 자신감을 높여준다.
- 적극적인 대처: 자부심을 가진 안전요원은 위기 상황에서도 적극적으로 대처할 수 있다.

(2) 긍정적 분위기 조성
- 학생들과의 신뢰 구축: 자부심을 가진 안전요원은 학생들과 교사들에게 신뢰를 주어 긍정적인 관계를 형성한다.
- 팀워크 강화: 자부심을 공유함으로써 팀 내 협력과 지원이 강화된다.

(3) 전문성의 확산
- 모범적인 역할 모델: 자부심을 가진 안전요원은 동료들에게도 긍정적인 영향을 미쳐 전체 팀의 전문성을 향상시킨다.
- 지속적인 교육 참여: 자부심이 높은 안전요원은 지속적인 교육과 훈련에 적극적으로 참여하여 자신의 전문성을 더욱 강화한다.

결론

안전요원의 역할은 생명을 지키는 데 있어 필수적이고 의미 있는 사명이다. 지속적인 학습과 발전을 통해 전문성을 강화하고, 변화하는 환경 속에서도 신뢰받는 안전요원으로 자리매김할 수 있다. 안전을 지키는 행동은 책임감으로 시작되어야 하며, 이를 지속하고 완성하기 위해서는 사명감과 헌신이 필요하다. 결국, **안전은 책임감에서 시작되고 사명감으로 완성된다.**

10장
준비된 안전요원이 되는 길

이 장에서는 안전요원으로서 갖추어야 할 전문성과 미래에 대한 비전을 논의하며, 지속적인 발전과 학습을 통해 신뢰받는 전문가가 되는 방법을 다룬다. 수학여행 안전의 최전선에서 책임감 있게 임무를 수행하며, 사고 없는 환경을 조성하는 데 기여하는 방법을 배운다.

10.1 학생과 교사의 생명을 지키는 마지막 방어선

안전요원은 수학여행 중 예기치 못한 사고와 위기 상황에서 학생들과 교사의 생명을 보호하는 최후의 방어선이다. 이 중요한 역할을 완벽히 수행하기 위해 기억해야 할 핵심은 다음과 같다.

1) 사전 준비의 철저함
모든 활동에 대해 철저히 안전 계획을 세우고, 위험 요소를 사전에 분석하여 대응책을 마련한다.

2) 응급 상황에서의 신속한 대응
사고가 발생했을 때 빠르고 정확히 대처하며, 전문 의료진과 협력해 피해를 최소화한다.

3) 지속적인 교육과 훈련
최신 기술을 배우고, 시뮬레이션 훈련을 통해 실전 대응 능력을 꾸준히 향상시킨다.

4) 심리적 준비와 자부심
침착하게 상황을 대처하며, 자신의 역할에 대한 자부심을 유지한다.

10.2 안전요원의 전문성과 미래

안전요원의 전문성은 미래의 변화와 새로운 도전에 대비하기 위해 지속적으로 발전해야 한다. 이를 위한 방향은 다음과 같다.

1) 지속적인 전문성 강화
최신 기술을 습득하고 적용하여 더욱 효과적으로 대처한다.

2) 미래 지향적 교육
VR, AR 등 디지털 기술을 활용한 훈련으로 현실적인 대응 능력을 키운다.

3) 리더십과 관리 역량 개발
팀을 이끌고 위기 상황을 효과적으로 관리하는 능력을 강화한다.

4) 협력과 네트워킹
전문가들과 협력하고, 국내외 네트워크를 구축하여 안전 관리의 질을 높인다.

5) 지속 가능한 발전

변화하는 환경에 맞는 새로운 안전 위협에 대비하며, 지속 가능한 관리 방안을 마련한다.

최종 결론

여기까지 왔다면, 이제 당신은 준비된 안전요원이 되는 길에 한 걸음 더 가까워졌을 것이다. 수학여행 안전요원은 학생과 교사의 생명을 지키는 막중한 책임과 전문성을 요구하는 중요한 역할을 수행한다. 결코 단순한 아르바이트로 여겨서는 안 되는 직무다.

이 책에서 제시한 지식과 기술, 그리고 철학을 바탕으로 현장 실전 능력을 키우고, 끊임없이 발전하며, 미래의 안전을 선도하는 전문가로 성장하길 바란다.

"안전은 결코 우연이 아니다. 철저한 준비와 실천이 만들어내는 결과다."
이 메시지를 가슴에 새기고, 모든 위기 상황에서도 빛나는 준비된 안전요원이 되기를 응원한다.

저자의 소감

저자의 소감

이 책은 저의 오랜 경험과 배움을 집대성한 결과물입니다. 지난 12년 동안 현장에서 배우고 느낀 것들을 정리하며, 과거와 현재, 그리고 미래의 안전요원들에게 도움이 되는 책을 만들고자 노력했습니다.

안전요원으로 활동하며 처음 겪었던 수많은 도전과 어려움이 떠오릅니다. 안전이 중요하다는 인식은 있지만, 이를 지키기 위한 노력은 종종 간과되곤 했습니다. 그럼에도 불구하고, 안전이라는 사명은 결코 포기할 수 없는 가치임을 깨달았습니다.

안전은 단순한 사고 예방이 아니라, 생명을 존중하고 배려하는 데 기반을 둡니다.

특히, 수학여행과 같은 현장체험학습은 학생들의 추억과 미래를 지키는 중요한 역할을 요구합니다. 이 일을 하면서 학생들의 웃음과 희망을 지키는 일이 얼마나 소중한지 알게 되었고, 이를 통해 안전의 본질이 사람의 가치를 존중하고 더 나은 세상을 만드는 데 있음을 실감했습니다.

디스탑안전교육 소속의 동료들과 함께하며 진정한 리더십은 엄격함과 세심함 속에서도 목표를 향해 나아가는 신뢰와 협력에서 비롯된다는 것을 배웠습니다. 이는 학생들의 안전을 지키기 위해 헌신하는 안전요원들과 함께할 때 더욱 빛을 발합니다.

이 책이 안전요원들에게 실질적인 도움이 되고, 사회가 안전에 대한 인식을 한층 더 높이는 계기가 되길 바랍니다.

안전은 지속적으로 이어지는 과제이며, 협력을 통해 이뤄내야 할 중요한 책임입니다. 이 과정에 함께해 주신 모든 분들의 열정에 큰 박수를 보냅니다.

마무리하며

마무리하며

이 책을 끝까지 읽어주신 여러분께 깊은 감사를 드립니다.

전국의 초·중·고 학생들을 위해 힘쓰는 안전요원들의 책임감과 열정은 학생들이 안전한 환경에서 추억을 쌓고 꿈을 키울 수 있도록 돕는 귀중한 밑거름입니다. 이는 학생들의 삶을 지키는 소중한 가치로 이어지며, 대한민국의 안전을 더욱 견고히 하고 학생들에게 더 밝은 미래를 제공하는 초석이 될 것이라 믿습니다.

이 책을 집필하며 제가 가장 염두에 둔 것은 안전요원의 역할이 얼마나 중요한지 알리고 동시에 그 책임감 속에서 홀로 느낄 수 있는 부담을 덜어드리는 것이었습니다. 책의 각 장과 부록에는 현장에서 마주할 수 있는 다양한 상황에 대한 구체적인 대처법과 실질적인 노하우가 담겨 있습니다. 이를 통해 안전요원으로서 더욱 자신감을 가지고 임무를 수행할 수 있기를 기대하며, "오늘도, 학생들의 웃음과 안전이 공존하는 하루를 만들었다." 이 문장이 여러분의 가슴속에 따뜻하게 자리 잡길 소망합니다.

안전요원의 사명감이 만들어내는 변화는 결코 작지 않습니다. 그 역할은 학생들에게 잊지 못할 추억을, 교사들에게는 신뢰를, 부모님께는 안심을 선사하고 있습니다.

보이지 않는 곳에서 빛나는 등불과도 같은 여러분은 진정한 안전의 수호자입니다. 그 소중한 역할을 자부심과 함께 이어가길 바라며, 저 역시 안전의 중요성을 알리고 실천하는 일을 끝까지 멈추지 않을 것입니다. 안전의 길에서 함께하겠습니다.

부록

부록에서는 안전요원의 실무와 관련된 필수적인 서식과 자료를 제공한다. 주간 및 야간근무 시 활용할 수 있는 안전점검표와 근무일지, 응급상황 발생 시 작성해야 하는 보고서 양식을 포함하여 실질적인 현장 대응 능력을 지원한다. 또한, 응급구호관리자 전문과정을 소개하고 구체적인 훈련 과정을 안내하여 교육과 실무를 연계한 체계적인 정보를 제공한다.

이를 통해 안전요원이 현장에서 효율적으로 업무를 수행하고, 체계적인 기록과 보고를 통해 안전 관리의 전문성을 강화할 수 있도록 돕는다.

부록 1: 안전요원 주간근무일지 및 안전점검표

디스탑안전교육의 주간근무일지는 차량 이동과 현장 안전을 중점으로 한 안전요원의 필수 자료이다. 이 점검표는 이동과 견학 과정에서 발생할 수 있는 위험 요인을 사전에 점검하고, 학생들의 안전을 체계적으로 관리하도록 돕는다.

1. 주요 구성 항목

1) 차량 안전지도
- 버스 출발 전 차량 내외부 안전장비 점검: 차량 내외부의 안전장비 상태 **(소화기, 비상망치, 비상개폐장치 등)** 점검.
- 안전벨트 착용 및 비상 대처법 교육:
  학생들에게 안전벨트 착용법과 비상 상황 시 대처 방법을 설명한다.
- 차량 내 위험 행동 방지 및 보고:
  음주, 흡연, 폭력 등 위험 행동을 방지하며, 즉각 보고한다.

2) 도보 이동 및 견학 안전지도
- 이동 방법 사전 교육:
  도보 이동 시 안전한 이동 방법을 학생들에게 사전에 교육한다.

· 학생 이탈 방지 및 보고 체계 확립:

이동 중 이탈 방지, 긴급 상황 발생 시 신속히 보고할 수 있는 체계 확립.

· 견학 장소에서의 질서 유지와 위험 요소 제거:

박물관, 기념관 등에서 질서를 유지하며, 위험 요소를 제거한다.

3) 일반 의약품 및 의약외품 사용 내역

· 의약품 사용 기록 작성: 응급 상황 발생 시 사용한 의약품 내역을 상세히 기록한다.

· 담당 교사 통보: 의약품 사용 후 담당 교사에게 통보한다.

2. 근무일지 활용 효과

이 근무일지는 주간근무 중 발생할 수 있는 다양한 상황에서 학생과 교사의 안전을 체계적으로 관리하도록 설계되었다. 안전요원들은 이 근무일지를 통해 주간 근무 중 발생한 모든 사항을 정확히 기록하고, 이를 학교 측에 신속히 전달하여 보고하는 데 유용하게 사용할 수 있다. 안전요원들이 이 근무일지를 적극 활용하여 체계적인 관리와 명확한 보고를 통해 안전 관리의 신뢰도를 높이길 기대한다.

주식회사 디스탑안전교육

[주간근무일지 및 안전점검표]

www.k-sel.com

학교		장소		근무자		일시	년 월 일 : ~ :
담당 선생님 미팅내용 (학교 측 요구사항. 특별관리학생 등)						근 무 위 치	

차량 안전지도	확인	주간근무일지	
"(주)디스탑안전교육"으로부터 준수사항 및 안전교육을 받았다			
선생님, 학생들에게 친절하고 성실하게 근무하겠다고 스스로 다짐			
근무시간 30분 전 도착 및 복장, 구급낭 등 근무 장비 준비한다			
출발 전, 담당교사로부터 이동계획 및 인원, 비상연락망 확인한다			
출발 전 차량 내부 안전장비 유무 확인 및 상태를 점검한다			
버스 출발 전과 후 안전벨트 착용 확인 및 승·하차 안전지도한다			
버스 내 안전장비 위치 및 비상 시 사용법을 학생들에게 설명한다			
버스 내 고성방가 및 이동학생 발견 시 안전을 위하여 제지한다			
버스 탑승 시, 창문 밖으로 신체 일부를 내미는 행동을 제지한다			
음주, 흡연, 폭력, 위험한 행동, 불건전 행위 시 교사에게 통보한다			
응급상황 (환자) 발생 시, 매뉴얼에 따른 응급처치를 실시한다			
구급약품은 일반의약품을 사용한다 (학교 측 구급 의약품 우선사용)			
도보이동 및 견학 안전지도	확인		
도보 이동시 학생 안전을 위한 이동 방법을 숙지 후 인솔한다			
학생들 견학(박물관,기념관…)등 관람 시 근무위치에서 대기한다			
현장 이탈한 학생 발견 시 제지 후, 담당교사에게 바로 통보한다			
식사시간 안전지도사 근무수칙을 준수한다		일반의약품 및 의약외품 사용내역	
학교(숙소) 도착 시 하차지도 및 숙소 입실할 때까지 안전지도한다			
학교(해산지점) 도착 후, 학생들 학교 안으로 안전하게 이동시킨다			
학교(숙소)도착 후 담당선생님께 근무종료 안내 및 다음 일정 확인			

부록 2: 안전요원 야간근무일지 및 안전점검표

디스탑안전교육의 야간근무일지는 안전요원이 숙소에서 책임감 있게 업무를 수행하도록 돕는 필수 도구이다. 이 점검표는 학교 및 숙소에서 발생할 수 있는 다양한 상황을 사전에 점검하고 예방하는 데 초점을 맞춘다.

1. 주요 구성 항목

1) 담당 교사와의 미팅 내용
  · 담당 교사와 미팅을 통해 학교 측의 요구사항과 안전 정보를 기록한다.

2) 숙소 안전 지도 및 화재 예방 점검
  · 숙소 도착 후 관계자로부터 대피 안내도를 요청하고 수령한다.
  · 학생들의 객실 배치도와 비상 대피로를 확인한다.
  · 화재 위험 물품의 사용을 금지하고 점검한다.

3) 야간 순찰 기록 및 제도사항
  · 야간 순찰을 실시하여 학생의 이동과 무단이탈을 방지한다.
  · 음주, 흡연, 폭력 등 위험 행위를 발견하면 즉각 보고한다.
  · 비상 상황 발생 시 응급처치를 실시하고 즉각 보고 체계를 확립한다.

4) 일반 약품 및 의약외품 사용 내역
· 응급상황 대응을 위한 약품 사용 기록을 포함한다.

2. 근무일지 활용 효과

 이 야간근무일지는 안전요원이 숙소에서 발생할 수 있는 다양한 상황을 사전에 점검하고 효과적으로 대응하도록 돕기 위해 설계되었다. 이 근무일지를 활용하여 담당 교사와의 협력 사항, 숙소 안전 점검 내용, 야간 순찰 기록 등을 체계적으로 관리하고, 이를 학교 측에 보고하는 데 유용하게 사용할 수 있다. 이를 통해 안전요원들은 학생들과 교사의 신뢰를 강화하고, 야간 안전 관리를 더욱 철저히 수행하며, 사고를 예방하는 데 기여할 수 있기를 기대한다.

주식회사 디스탑안전교육

[야간근무일지 및 안전점검표]

www.k-sel.com

학교		장소		근무자		일시	년 월 일 : ~ :
담당 선생님 미팅 내용 (학교 측 요구사항, 특별관리학생 등)						근무위치	

숙소안전지도 및 화재예방 안전점검	확인	야간 순찰 기록 및 계도사항
"(주)디스탑안전교육"으로부터 준수사항 및 안전교육을 받았다		
근무시간 30분 전 도착 및 복장, 구급낭 등 근무 장비를 준비한다		
숙소 도착 후, 관계자로부터 객실(대피)안내도 요청, 수령한다		
담당교사와 미팅 후 비상연락망 구축 및 학생 객실 배치표 확인		
건물구조, 비상구 직접 확인하여 재난 발생 시 대피로 구상한다		
재난대응매뉴얼 숙지하여 화재 및 기타 재난발생시 초기대응 준비완료		
각층, 베란다 등 위험한 곳에 위험 표지판 부착 여부를 확인한다		
학생 객실 무단출입 금지 등 안전지도사 금지 사항을 준수한다		
야간 점호 후, 학생들의 객실 이동 및 무단이탈 행위 철저히 통제		
신원 미상의 외부인을 확인하여 객실 접근을 통제한다		
음주, 흡연, 폭력, 위험한 행동 등 불건전 행위 시 교사에게 통보		
응급상황(환자)발생 시, 매뉴얼에 따른 응급처치를 실시한다		
구급약품은 일반의약품을 사용한다 (학교 측 구급약품 우선사용)		
학생이 숙소(잠자리)불편 호소하는 경우, 즉시 교사에게 연락한다		
화재 및 위험물품(칼,라이터,전열기구 등)반입 및 사용금지 지도		
위험물품 발견 시 담당교사에게 즉시 통보한다		
연기감지기, 열감지기, 스프링클러, 시각경보기, 유도등 확인		
대피안내도에 따른 비상대피로를 확인한다		
소화기 비치 및 이상 유무 확인 (지시압력계 비정상시 교체요구)		일반의약품 및 의약외품 사용내역
소화전내 관창과 소화호스 연결 상태를 확인한다		
완강기 유무 및 배연창, 외부연결 창문 안전 잠금장치 확인		
비상구, 방화문, 소화전, 완강기 주변 불법 적치물 유무 확인		

부록 3: 현장체험학습 응급상황발생 보고서

    디스탑안전교육의 현장체험학습 응급상황발생 보고서는 현장에서 발생할 수 있는 긴급 상황에 대한 신속하고 체계적인 대응을 돕는 필수 양식이다. 이 보고서는 응급처치 후 보고 체계를 정리하고, 추가적인 조치와 예방 계획을 수립하는 데 필요한 기본 정보를 포함한다.

1. 주요 구성 항목

1) 기본사항
- 사고 발생 시점과 장소, 사고 유형 등 주요 정보를 명확히 기록한다.
- 응급상황에 관여한 담당 교사와 학생 정보를 포함한다.
- 사고 학생이 여러 명일 경우 추가 자료를 첨부할 수 있다.

2) 응급 상황 개요
- 사고 발생 원인과 진행 상황을 육하원칙에 따라 상세히 기술한다.
- 경찰 조사 내용이 있을 경우 기록하며, 없을 시 해당란을 비워둔다.

3) 조치사항 및 향후 계획
- 사고 직후 취해진 응급 조치와 후속 관리 내용을 기술한다.

· 향후 유사한 사고를 방지하기 위한 개선 계획과 대응 체계 명확히 작성

2. 응급상황발생 보고서 활용 효과

　이 보고서는 현장체험학습 중 발생한 응급 상황을 체계적으로 기록하고, 이를 토대로 효과적인 사후 조치를 마련하기 위해 설계되었다.

　안전요원들은 이 보고서를 활용하여 사고 발생 원인, 응급처치 내용, 피해자 상태 등을 명확히 정리하고, 이를 학교 및 관계 기관에 보고하는 데 유용하게 사용할 수 있다. 이를 통해 사고의 재발 방지 대책을 수립하고, 사고 대응 체계의 신뢰성을 강화하며, 안전한 현장체험학습 환경을 조성하는 데 기여할 수 있기를 기대한다.

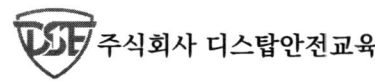

현장체험학습 응급상황발생 보고서

1. 기본사항 : 先조치 後보고 (발생 즉시 현장 응급처치 후 대표에게 유선보고 및 응급상황발생보고서 송부)

학교명		전화번호		담당 교사 : 안전지도사 :
발생일시		발생장소		
현장체험학습 소재지 및 숙소		사안명		
응급상황발생 교사 또는 학생 정보	〈사고학생 수가 많을 경우 별도 자료 붙임〉			

2. 개요

가. 응급상황 내용 (6하 원칙에 의해 기술)

나. 경찰 조사 내용 (해당 없으면 기록하지 않음)

3. 조치사항 및 향후 응급상황 수습 계획

부록 4: 응급구호관리자 전문과정 소개 및 과정 안내

응급구호관리자 전문과정은 안전요원들의 전문성을 강화하고, 다양한 응급 상황에 효과적으로 대비할 수 있도록 설계된 종합 교육 프로그램이다. 이 과정은 이론과 실습을 병행하여, 안전요원들이 실제 현장에서 응급구호관리자로서의 역할을 효과적으로 수행할 수 있는 능력을 배양하는 데 중점을 두고 있다.

1. 응급구호관리자 전문과정 개요

- 목적: 응급처치 능력 향상 및 안전 관리 역량 강화
- 대상: 디스탑 소속 안전요원, 대한적십자사 현장체험학습과정 수료자, 교사, 경찰, 응급구조사, 소방안전교육사, 소방경력자, 간호사, 청소년지도사, 숲길등산지도사, 국외여행인솔자, 국내여행안내사 등 국가공인자격증을 가진 자.
- 기간: 총 24시간(이론 12시간, 실습 12시간)
- 방식: 실전 훈련 중심의 교육

2. 응급구호관리자 전문과정 주요 구성 요소

1) 이론 교육
- 응급구호관리자의 역할과 책임: 응급 상황에서 안전요원이 수행해야 할 임무와 법적, 윤리적 책임을 학습한다.
- 응급처치 원칙과 절차: 응급 상황에서 지켜야 할 기본 원칙과 단계적 대처 방법을 익힌다.
- CPR 및 AED 사용법: 심폐소생술의 기본 개념과 최신 지침, 자동심장충격기의 작동 원리와 절차를 학습한다.
- 응급 상황의 정의와 대처 기본 원칙: 응급 상황의 유형과 초기 대응 절차를 이해하고, 환자 상태 평가 및 보고 체계를 숙지한다.
- 주요 응급 상황의 이론적 접근: 출혈, 골절, 탈구, 화재 등 다양한 응급 상황에 대한 이론적 대처 방법을 학습한다.
- 사고 예방 및 안전 관리 방안: 사고를 예방하기 위한 안전 관리 원칙과 전략을 배우며, 응급 상황 대처 요령을 익힌다.

2) 실습 훈련
　실습 훈련은 실제 모형과 부자재를 활용하여 현장감을 높이고, 이론에서 배운 내용을 실질적으로 적용할 수 있도록 한다.
- CPR 및 AED 실습: 이론에서 배운 CPR과 AED 사용법을 실제 모형으로 반복 연습.
- 출혈 제어 실습: 지혈 및 붕대 감기 실습을 통해 출혈 상황에 대한 실질적 대응.
- 골절 및 탈구 실습: 부상 부위를 고정하고 안정화하는 기술 연습.
- 화재 대피 실습: 모의 화재 상황에서 대피 경로를 찾고 비상 절차를 실행.

- 기도 폐쇄 실습: 성인, 소아, 영아, 임산부를 대상으로 한 기도 폐쇄 대처법 실습.
- 화상 및 중독 실습: 화상 모형과 특수 스킨을 활용한 초기 응급처치 연습.
- 상처 처치 실습: 상처 모형과 인공혈액을 활용한 처치 기술 연습.

3) 시뮬레이션 훈련 및 평가

   시뮬레이션 훈련은 실제 응급 상황과 유사한 환경에서 진행되며, 가상의 응급 상황을 재현하여 안전요원의 대처 능력을 실전처럼 연습하고 팀워크를 평가하며 개선점을 도출하는 데 중점을 둔다.
- 팀워크 강화: 동료들과의 협력을 통해 비상 상황에서의 의사소통과 역할 분담을 연습한다.
- 평가 및 피드백 제공: 훈련 후 평가와 피드백을 통해 개선점을 도출하고, 실질적인 대응 능력을 한층 강화한다.

3. 응급구호관리자의 혜택

- ID카드 발급: 전문성을 인증하는 전용 ID카드 제공.
- 수료증 및 자격증 발급: 수료증과 자격증으로 자격 보장.
- 우선채용 기회: 디스탑안전교육 전문요원으로 우선 채용.
- 연수 프로그램: 다양한 전문 교육과 연수 참여 기회 제공.
- 전문 네트워크 구축: 업계 전문가와 네트워크 형성.
- 취업 지원 프로그램: 취업 알선 및 추천 기회 제공.
- 학교 요청 우선 배정: 안전전문가 요청 시 우선 배정.

· 지속 교육 할인 혜택: 추가 교육 및 연수 할인 제공.
· 우수 표창: 우수 활동 요원에게 표창과 인센티브 제공.
· 전문 자료 제공: 최신 응급처치 및 안전 관리 자료 제공.
· 재강습 참여: 갱신을 위한 재강습 과정 참여 기회 제공.

4. 신청 방법

· 주)디스탑안전교육 홈페이지 교육 신청서 제출
· 교육 일정 및 장소 확인 후 등록

디스탑안전교육의 응급구호관리자 전문과정은 안전 관리의 새로운 기준을 제시하며, 안전요원들에게 실질적이고 효과적인 교육을 제공한다. 이를 통해 응급 상황에서도 학생과 교사, 지역 사회를 안전하게 보호하는 신뢰받는 전문가로 성장할 수 있다.